Jacob Schmidt

VIEL LÄRM UM ACHTSAMKEIT

JACOB SCHMIDT

VIEL LÄRM UM ACHTSAMKEIT

Mit einem Vorwort von Hartmut Rosa

Oder warum es so schwer ist, in unserer Gesellschaft ein gutes Leben zu führen

KÖSEL

MIX
Papier | Fördert gute Waldnutzung
FSC® C014496

Penguin Random House Verlagsgruppe FSC® N001967

Redaktion: Kathrin Sabeth Ohl, Hamburg
Umschlaggestaltung: zero-media.net, München
Satz: Satzwerk Huber, Germering
Druck und Bindung: GGP Media GmbH, Pößneck
Printed in Germany
ISBN 978-3-466-37315-4

www.koesel.de

Inhalt

Noch ein Eintrag auf der To-do-Liste, eine Waffe im Optimierungskampf, oder eine alternative Form des In-Der-Welt-Seins?

Die schillernde Gestalt der Achtsamkeitsbewegung

Vorwort von Hartmut Rosa

Keine Frage: Achtsamkeit und Meditation haben Konjunktur; immer noch und weiterhin. Sie treffen nicht nur einen ›Nerv‹ der spätmodernen Gesellschaft, sie scheinen geradezu eine soziale Funktion in ihr zu erfüllen. Aber worum handelt es sich bei diesen Praktiken, oder sollten wir sagen: bei dieser sozialen Bewegung, eigentlich? Achtsamkeit ist genau besehen nicht einfach ein bunt schillerndes zeitgenössisches Phänomen, sondern sie ist mindestens drei Phänomene zugleich: Erstens ein sowohl esoterisch-religiös als auch philosophisch und psychologisch-neurologisch unterfütterter *Denkansatz*; zweitens eine Vielzahl sich immer weiter verbreitender (und oft sehr unterschiedlicher) *kultureller Praktiken*, und drittens gerade deshalb in der Tat in manchen Zügen auch so etwas wie eine *Neue Soziale Bewegung* der Spätmoderne. Deren Zielsetzung ist dabei allerdings völlig unklar, oder vielmehr: widersprüchlich.

Geht es den Anhängern der Achtsamkeit darum, ihren Alltag besser zu bewältigen, gesünder, stärker, stressresistenter und leistungsfähiger zu werden, und darüber hinaus noch gelassener, besser und effizienter; oder geht es ihnen darum, eine gegenüber der Steigerungsmoderne mit ihren Beschleunigungszwängen und Optimierungsimperativen alternative Seinsform zu entwickeln? Oder anders ausgedrückt: Ist Achtsamkeit das affirmative Bestreben, in den bestehenden Verhältnissen besser zurecht zu kommen, oder ist sie eine subversive Bewegung, die auf die grundlegende Veränderung ebendieser Verhältnisse abzielt? Oder aus der Sicht der Individuen formuliert: Erscheint ‚Achtsamkeit üben' einfach als ein weiterer Eintrag auf der täglichen To-do-Liste, ist sie ein Werkzeug oder gar eine Waffe zur Optimierung des stresserfüllten Lebens, oder ist sie eine Alternative zu und ein Ausweg aus demselben? Und wenn sie Letzteres ist: Geht es dann nur um eine individuelle Lösung für spätmoderne gesellschaftliche Probleme, oder hat Achtsamkeit das Potenzial, auch für einen Umbau gesellschaftlicher Institutionen zu taugen, hat sie also *politisches Potenzial?*

Tatsächlich habe ich die Achtsamkeitsströmung in der Vergangenheit aus resonanztheoretischer Perspektive mehrfach für drei oder sogar vier zusammenhängende, problematische Tendenzen kritisiert. *Erstens*, für den Hang zur *individualistischen*

Verkürzung. Diese besteht darin, dass die Verantwortung für das Gelingen oder Misslingen des Lebens allein dem Individuum aufgebürdet wird: *Wenn Du nur achtsam genug bist, dann wird Dein Leben gelingen. Dann wirst Du gelassen, resilient,* und womöglich auch noch *gesund, glücklich und erfolgreich sein. Wenn Du dagegen Burn-out-bedroht bist, warst Du eben nicht achtsam genug. Dein Versagen*. Wo so gedacht wird, wird aus meiner Sicht übersehen, dass Weltbeziehungen immer zweiseitig sind: Sie hängen nicht einfach vom Subjekt ab, sondern sind immer auch und womöglich weit stärker das Ergebnis gesellschaftlicher Institutionen und Verhältnisse. Werden diese ausgeblendet, wird Achtsamkeit völlig unpolitisch und damit tendenziell affirmativ gegenüber den bestehenden Verhältnissen.

Zweitens, für die Tendenz zur *universalistischen Überdehnung*. Damit meine ich, dass in Achtsamkeitsratgebern oft gelehrt und in entsprechenden Übungen oft angestrebt wird, allem und jedem gleichermaßen achtsam zu begegnen, keinerlei Unterschiede zu machen und alles auf die gleiche (nämlich innerlich distanzierte, leidenschaftslose) Weise wahrzunehmen. Demgegenüber scheint mir gelingendes Leben vielmehr davon abzuhängen, dass wir in intensive, engagierte Beziehung zu je bestimmten Menschen, Dingen, Kunstwerken, Ideen oder auch Landschaften treten. Wir können nicht in Resonanz mit allem und jedem sein; eine Resonanzbeziehung zu einem Menschen oder einer Musik, einer Idee oder einer Arbeit ist immer leidenschaftlich und sozusagen parteilich; sie kann nicht neutral und distanziert gegenüber den Dingen bleiben; sie macht Unterschiede. In gewisser Weise kann man sagen: Wenn wir in Resonanz mit einer Sache sind, ist unser ganzes Wesen gerichtet und fokussiert; wir sind in einem Modus des *Hörens und Antwortens* auf etwas bezogen, von dem wir gleichsam ›angerufen‹

werden. Achtsamkeit beschreibt dagegen ein ganz anders geartetes Verhältnis der ›Weitwinkel-Aufmerksamkeit‹, in dem wir versuchen, alles gleichermaßen zu registrieren und dabei geradezu unbeteiligt zu bleiben. Sie zielt auf ein ›panoramatisches Registrieren‹ anstelle eines anverwandelnden Sich-Einlassens. Ich werde darauf gleich noch einmal mit dem Versuch eines ›Versöhnungsvorschlages‹ zurückkommen.

Die *dritte* problematische Tendenz der Achtsamkeit scheint mir im Impuls zu einer ›präsentistischen Verengung‹ zu bestehen. Damit meine ich die vielfach formulierte und oft mantraartig wiederholte Idee, dass wir ›ganz im Hier und Jetzt‹ sein sollen. Dies bedeutet, alles was in unserem Leben oder unserem Alltag davor war (Retention) und auch alles, was danach kommt (Protention), ›zu vergessen‹ oder auszublenden. Nur im Moment zu leben. Das scheint mir zu einer spätmodernen, dem neoliberalen Turbokapitalismus entsprechenden Kultur zu passen, die ein geradezu fragmentarisches Bewusstsein verlangt: Wir sollen an nichts hängen, alles loslassen, jederzeit offen für Neues sein, flexibel auf alle Zu- und Wechselfälle reagieren und keinerlei Erwartungen für die Zukunft ausbilden. Die Zeiterfahrung der *Resonanz* scheint mir demgegenüber geradewegs durch eine *Weitung* des zeitlichen Horizonts gekennzeichnet zu sein, die das Fragmentarische überwindet und in der sich eine *Ko-Präsenz* von Vergangenheit und Zukunft einstellt: Der resonante Moment ist sinnerfüllt gerade durch die angstfreie Verbindung von Vergangenheit, Gegenwart und Zukunft (des Lebens und/oder des Alltags). Resonanz hat in diesem Sinne eine intensive zeitliche Dimension: Sie besteht in der Erfahrung, dass es einen spürbaren, integrierten Zusammenhang zwischen den drei Zeitebenen des Alltags, des biografischen Lebensverlaufs und der geschichtlichen ›Welt da draußen‹ gibt.

Die *vierte* mir problematisch erscheinende Tendenz der Achtsamkeitsbewegung habe ich schon angedeutet, ich meine ihre *instrumentelle Vereinnahmung* im neoliberalen Optimierungs- und Steigerungsstreben. Wir begegnen ihr überall dort, wo versucht wird, Achtsamkeit als Instrument zur Verfügbarmachung noch der letzten psychophysischen Ressourcen im Konkurrenzkampf um bessere Leistungen und Ergebnisse zu machen oder sie mittels Apps und Ratgebern als Waffe gegen die Bedrohung durch Überlastung, Stress, Wettbewerbsdruck, Zeitnot etc. einzusetzen. *Mehr Erfolg im Berufsleben, im Studium, in Liebe und Familie durch Achtsamkeit* lauten dann etwa die achtsamkeitsindustriellen Verheißungen, oder auch: *So entgehen Sie dem Burn-out an der Börse* oder *in den überlasteten Pflegeinstitutionen…* Achtsamkeit wird so zu einem Instrument, mit dessen Hilfe schon Schulkinder gleichsam ›inwendig‹, nämlich psychophysisch auf Leistung und Optimierung getrimmt werden sollen.

Indessen: Man muss Achtsamkeit in allen vier Punkten nicht so verstehen und nicht so praktizieren. Es gibt jeweils auch die entsprechenden Gegentendenzen in dieser kulturellen Bewegung. Eine alternative Lesart, die sich bei der Gegenüberstellung mit der Resonanztheorie geradezu aufdrängt, besteht darin, in der Achtsamkeit den Versuch zu sehen, *Anrufbarkeit* wieder herzustellen, individuell und kulturell *resonanzbereit* zu werden. Aus dieser Perspektive betrachtet reagiert die Achtsamkeitsbewegung ganz ähnlich wie die Resonanztheorie auf die Erfahrung, dass uns die Welt ›stumm zu werden‹ droht, dass wir in einer falschen Beziehung zu ihr stehen, kurz: Sie reagiert auf die Wahrnehmung einer gestörten, entfremdeten Weltbeziehung, in der uns nichts mehr zu erreichen, zu berühren oder zu bewegen vermag. Die Achtsamkeitskultur wird dann geboren aus dem Wunsch, dass eine andere Form der Weltbeziehung, eine andere Weise des In-der-Welt-Seins möglich sein müsse. Wenn die (spät-) moderne Form der Weltbeziehung durch das Streben nach Kontrolle, Herrschaft und Verfügungsgewalt über die Natur und das Leben geprägt ist, dann scheint es offensichtlich, dass Achtsamkeit einen Gegenentwurf beinhaltet: Hier geht es gerade nicht um Kontrolle und Besitzergreifung, sondern um achtsames Loslassen – in den Begriffen der Resonanztheorie könnte man sagen: Um ein *mediopassives* Weltverhältnis, in dem wir bereit sind *zu hören und zu antworten*. In dem wir ganz aktiv und ganz passiv zugleich sind: Wir sind offen, wachsam und vielleicht sogar liebevoll auf eine Welt bezogen, ohne in ihr aktiv nach einem Ziel zu streben; in höchster Sensibilität für alles, was uns begegnet. Selbstwirksamkeit wird dabei nicht als Kontrolle oder Verfügung erfahren, sondern als Teilhabe – das Zentrum des Geschehens (›Agency‹) verlagert sich gleichsam *zwischen* Subjekt und Welt, in einen gleichschwebenden Zustand, in dem wir nicht mehr sagen können, ob wir (mental) etwas *tun* oder ob uns etwas *begegnet.* Eben das meint das Wort *Mediopassiv*, das zugleich ein *Medioaktiv* ist: Wir sind halb passiv und halb aktiv, oder vielmehr: *ganz aktiv* und *ganz passiv* zugleich. In meinem kleinen Buch *Demokratie brauch Religion* (Kösel-Verlag 2022) habe ich dies mit dem Begriff des *Auf-Hörens* zu beschreiben versucht: Die Praxis der Achtsamkeit zielt nach dieser Lesart auf die Kunst des Aufhörens.

Achtsamkeit erscheint dann also als das Bestreben, sich von der Welt ›anrufen‹ zu lassen, oder genauer noch: wieder *anrufbar zu werden* – resonanztheoretisch gesprochen: dispositionale Resonanz zu erlangen, um *resonanzfähig* zu sein. Und in Verbindung mit dem Gedanken, dass Anrufbarkeit bzw. Resonanzfähigkeit eben nicht nur von der subjektiven Verfassung, sondern auch von den objektiven, institutionellen Bedingungen abhängt, lässt sich daraus auch ein politischer Impuls gewinnen.

Aber welche Lesart der Achtsamkeit ist die richtige? Mit welcher Art eines sozialen Phänomens haben wir es bei ihr ›wirklich‹ zu tun? Auf welche gesellschaftliche Problemlage reagiert diese kulturelle Strömung, welche Bedürfnisse erfüllt sie, welche soziale Funktion hat sie, und welche Wirkung erzeugt sie? Vor dem Hintergrund seiner umfassenden und inzwischen nahezu globalen Verbreitung ist es erstaunlich, dass dieser Phänomenkomplex bisher zwar eine Vielzahl populärer Ratgeber und auch ironischer Bearbeitungen (man denke nur an die *Achtsam morden*-Krimis von Karsten Dusse) hervorgebracht hat, aber kaum je Gegenstand fundierter soziologischer oder sozialwissenschaftlicher Untersuchungen geworden ist. Das von Jacob Schmidt verfasste Buch schließt diese Lücke, indem es Achtsamkeit in der Gesamtheit ihrer Erscheinungen als ein soziales und kulturelles Phänomen ernst nimmt und auf ihre Entstehungsbedingungen, Erscheinungsformen und Folgewirkungen hin analysiert. Es gelingt ihm, einerseits die kulturellen Wurzeln und Motivstrukturen der Achtsamkeitsbewegung zu erhellen und andererseits zugleich die ungeheure Popularisierung und Verbreitung der damit verbundenen Praktiken zu erklären.

Jacob Schmidt ist mit dieser Studie eine beeindruckende Analyse, ja ein großer Wurf gelungen. Im wohltuenden Kontrast zu einer Vielzahl von Auseinandersetzungen mit dem Phänomenbereich der Achtsamkeit zeichnet sich seine Arbeit durch analytische Schärfe und eine normative Äquidistanz zu ihren Verfechtern wie zu ihren Verächtern aus: Es geht ihm in der Hauptsache weder darum, die sozialtherapeutischen Vorzüge zu identifizieren noch darum, die ideologischen Untertöne zu entlarven. Indem er sich von Heilsversprechen wie Polemik gleichermaßen fernhält, gelingt es ihm, die vielen Nuancen der Strömung differenziert hervortreten zu lassen, dadurch die kritischen Aspekte schärfer zu fassen und im Ergebnis doch zu einer vorsichtigen, qualifizierten Bejahung zu gelangen. Darüber hinaus zeigt die Untersuchung, wie aktuelle kulturelle Bewegungen und Praktiken auf sozialstrukturelle Problemlagen reagieren und diese zu bearbeiten versuchen. Jacob Schmidts Buch lässt sich damit auch als bemerkenswerter Versuch der Selbstaufklärung der spätmodernen Gesellschaft darüber lesen, wie im Lärm der gehetzten Welt ein gutes Leben noch zu führen sein könnte.

Einleitung: Aus der Zeit fallen

Es war nicht schwer, ihn zu erkennen: gelbbraunes Gewand, kahler Kopf, asketischer Körperbau. Ich stand, etwas nervös, am Terminal des Ben-Gurion-Airports in Israel, mitten in der Nacht. Es muss gegen drei Uhr gewesen sein.

Ich begrüßte ihn betont ruhig. Ziemlich unbeeindruckt hastete er zum Taxi. Wahrscheinlich war er müde vom langen Flug aus Nepal, dachte ich mir, während ich ihm hinterherhetzte. Der Taxifahrer schaute eine ganze Weile verdutzt in seinen Rückspiegel, bevor er anmerkte, es sei schon etwas ungewohnt für ihn, einen buddhistischen Mönch (das sei er doch, oder?) herumzufahren.

In der Unterkunft angekommen, fragte mich der Mönch als Erstes nach dem WLAN-Passwort. Er wolle noch ein paar E-Mails checken. Etwas überrascht kramte ich es hervor.

Nach ein paar Stunden Schlaf machte ich Frühstück und bot es ihm an. Nehmen, so war ich zuvor angewiesen worden, dürfe er von sich aus nichts. Er nahm dankend an. Nach einer zweiten kurzen Bettruhe kochte ich etwas zu Mittag. Bei Nudeln in Zucchini-Champignon-Soße mit Salat und anschließendem Muffin echauffierte er sich über die Baupolitik seiner Heimatstadt. Um kurz vor zwölf Uhr waren wir rechtzeitig fertig. Rechtzeitig, denn nach Mittag durfte er nichts mehr essen. Klösterliche Regeln und so.

Wir verließen Tel Aviv und fuhren gen Norden. Nach den sechs Wochen, die ich dort gewohnt hatte, freute ich mich riesig auf eine Pause von dieser tosenden Stadt. Und auf eine Pause für meinen Körper. Denn eigentlich war ich damals nach Israel gekommen, um Aikido, diese japanische Kampfkunst, zu üben. Aber das ist eine andere Geschichte ...

Nun saß ich jedenfalls am Steuer, neben mir ein schlafender Mönch, und ich merkte, dass ich mir eine gewisse Enttäuschung nicht verhehlen konnte. Ich hatte ihn mir doch ein wenig anders, der Welt entrückter, vorgestellt. Weniger WLAN, mehr Lässigkeit sozusagen. Aber als er plötzlich im Nullkommanichts seinen Schlaf für beendet erklärte, wie ein kleines Kind, mit einem strahlenden: »Oh, that feels so much better!«, dachte ich: »Einen Versuch ist es allemal wert.«

Wir erreichten unser Ziel, ein Kibbuz nahe den Golanhöhen. Fortan war ich nicht mehr Koch und Fahrer, sondern sein Schüler. Schüler der *vipassana*-Meditation, die heute häufig, wie so vieles andere auch, als Achtsamkeitsmeditation bezeichnet wird.

Von 5 Uhr morgens bis 21 Uhr abends meditierte ich mit gut einem Dutzend anderer Aspirant:innen, abwechselnd eine Stunde sitzend und eine Stunde gehend. Unterbrochen wurde der monotone Ablauf dieses *Retreats*, wie solche intensiven Meditationskurse genannt werden, lediglich von

- einem Frühstück um 6 Uhr (Brei mit Obst),
- einer Mahlzeit um 11 Uhr (meist Gemüse mit Tahina),
- einem Kräutertee um 17 Uhr
- und einem Vortrag des Mönchs um 19 Uhr.

Über den ganzen Tag hinweg schwiegen wir, vermieden jeden Augenkontakt, lasen keinen Satz – und führten jede Bewegung langsam, unendlich langsam aus. Die Pi mal Daumen 15 Meter vom Sitzkissen zum Klo? Etwa 5 Minuten – für einen Weg. Aber, was gab es schon groß anderes zu tun?

Jeden Atemzug, jeden Schritt, jede Bewegung sollten wir so fein und so präzise wie möglich beobachten. Und das versuchte ich. Natürlich auch, um etwas Fundierte(re)s in dem zehnminütigen Einzelgespräch erzählen zu können, das täglich mit dem Mönch stattfand.

Mein Termin war kurz nach neun Uhr. Ich schlich aus dem Haus, wartete, bis ich dran war, und setzte mich auf einen Plastikstuhl im Schatten eines Baumes zu ihm. Nach einem kurzen und engagierten Small Talk ging es zur Sache, er fragte mich regelrecht ab. »Welche Empfindungen nimmst du wahr, wenn du den Fuß abhebst?« Oder: »Nenne mir fünf Merkmale, die du beim Einatmen an der Bauchoberfläche spürst.« Oder, wenn ich, wie jeden Tag, auf meine schmerzenden Knie zu sprechen (lamentieren?) kam: »Aha, wie hat sich der Schmerz verändert, als du begonnen hast, ihn zu beobachten?«

Meine Beschreibungen der stundenlangen Körperbeobachtungen waren wohl meist nicht präzise genug – mit den fast gleichen Anweisungen wie am Vortag, einer kurzen Aufmunterung und einem gerufenen »Next, please!« entließ er mich wieder in die nächsten einsamen 24 Stunden.

Größtenteils war es eine Qual, anders kann ich es nicht sagen: Schmerzen beim Sitzen, Langeweile angesichts der immer gleichen Atmung, Kampf mit den nicht enden wollenden Gedankenströmen. Die Aufmerksamkeit wollte einfach nicht beim Atmen, beim Gehen, bei den Knieschmerzen verweilen!

Doch irgendwann kamen sie: Momente mir bislang unbekannter Ruhe, Leichtigkeit und Wachheit. Momente der Brillanz, in denen ich meinen Körper, die Blätter und Blüten so lebendig und farbenfroh erlebte, als ob 50 Jahre Fernsehgeschichte plötzlich übersprungen und ein Röhren- durch einen 4K-Fernseher ersetzt worden wäre. Ganz schön flashig.

Als ich dem Mönch davon am nächsten Morgen berichtete, schaute er mich unbeeindruckt an. Ich hatte wohl etwas zu begeistert erzählt. »Okay«, sagt er, »bitte beobachte diesen Zustand ganz genau und identifiziere dich bloß nicht mit ihm.« Das letzte Ziel, *nibbana* (Pali, wohl bekannter im Sanskrit: *nirwana*), sei so viel mehr und dürfe nicht angesichts solcher netter, aber letztlich mickriger Episoden aus dem Blick verloren werden.

Das war es dann auch mit den Anflügen von Ekstase. Die restlichen vier Tage träumte ich zumeist vom 14., dem letzten Tag im Retreat.

Zurück in Tel Aviv. Das Schleichen prallte auf das hektische Leben und unerlässliche Gewusel der Großstadt (dieser Gemüsemarkt!), die Stille und Ruhe auf die permanente Kommunikation (in Tel Aviv hatten schon damals so gut wie alle ein Smartphone vorm Gesicht), die Disziplin, sich in seinen Sinneslüsten zu zügeln, auf den an jeder Ecke kultivierten sinnlichen Genuss (dieser Hummus!), die frei zur Schau gestellten Zärtlichkeiten, das Flanieren am Strand.

Zwischen beiden Welten lagen gerade mal 150 Kilometer Luftlinie.

Hatte ich vor meiner Rückkehr noch einen Kulturschock befürchtet, so fühlte ich mich nach dem Retreat in dieser lauten, hastigen, lebendigen Betriebsamkeit seltsam wohl. Das Leben im Großstadtgetümmel war für mich plötzlich viel leichter zu ertragen als zuvor. Mein Geist schien all die Reize schneller und entspannter verarbeiten zu können, so als ob in einem Rechner ein neuer Prozessor eingebaut worden wäre – und gleich noch ein Grafikchip der neuesten Generation. Ich nahm das Getümmel klarer wahr – und doch trafen mich die Tausenden Reize nicht mehr bis ins Mark.

Es hatte sich ein großer, angenehmer Puffer zwischen mich und die Stadt geschoben.

Der ausbleibende Schock faszinierte mich mindestens genauso wie die verrückte Gleichzeitigkeit zweier so radikal ungleicher Welten – die der modernen Großstadt einerseits und die der asketischen und zurückgezogenen Meditation andererseits. Beides ließ mich nicht mehr los, zumal ich bald bemerkte, dass Meditation, und just diese südostasiatische *vipassana*- oder Achtsamkeitsmeditation, regelrecht einen Boom im Westen ausgelöst hatte.

Es ist ja immer eine zweischneidige Sache, von einem »Boom« zu sprechen. Hegt man erst einmal den Verdacht, einem wirklich spannenden Phänomen auf der Spur zu sein, sieht man plötzlich an jeder Ecke Beweise für seine These. Und so ging es auch mir mit der Achtsamkeit und ihren Verwandten, als ich von meinem Abenteuer in Israel wieder zurück zu Hause war. Sie begegneten mir plötzlich überall: die Buddhafigur beim Friseur, die Zeitschrift *moment by moment* im Buchladen, ein Flyer zur achtsamen Stressreduktion im Café, Zitate und Referenzen im Kino (zum Beispiel im 2014 oscarprämierten Film *Birdman*), die Achtsamkeit-App *Headspace* bei einer Apple-Keynote auf großer Bühne – und nicht zuletzt an der Uni, wo Achtsamkeit immer stärker beforscht und angeboten wurde.

Aber es gibt glücklicherweise einen Ausweg aus dieser Subjektivitätsfalle. Entweder Sie machen zur empirischen Erhebung bei Gelegenheit einen kurzen Spaziergang in einem hippen Viertel einer Großstadt, etwa im Prenzlauer Berg, und überzeugen sich selbst davon, dass Achtsamkeit *en vogue* ist. Oder ernster gesprochen, Sie schauen sich die Grafik auf der nächsten Seite an. In überregionalen Tages- und Wochenzeitungen taucht der Begriff Achtsamkeit seit den 90er-Jahren immer häufiger auf. Und auch die Anzahl der wissenschaftlichen Veröffentlichungen steigt seit der Jahrtausendwende rasant. Das *Time Magazine* sprach bereits 2014 von einer »mindful revolution«, andere davon, dass Achtsamkeit »mainstream« geworden sei.[1] Um eine Praxis, die die Stille propagiert, ist es seltsam laut geworden.[2]

In einem Kibbuz irgendwo im Norden Israels wurde ich offenbar von einem in Nepal lebenden deutschsprachigen Mönch auf einen echten Hype gestoßen. Für mich war das Anlass genug, zunächst eine Abschlussarbeit und schließlich noch eine Doktorarbeit in der Soziologie zum Thema zu schreiben.[3] Hat Meditation mein Leben verändert? So gesehen: Aber hallo!

Was aber reizte mich so an dieser Achtsamkeit? Warum habe ich mich so lange mit ihr wissenschaftlich auseinandergesetzt? Und warum schreibe ich jetzt schon wieder über sie?

Es ist das Versprechen der Achtsamkeit: *Es gibt einen Ausweg aus einem unerfüllten Leben! Das Glück liegt ganz nahe, im Hier und Jetzt! Ein gelingendes Leben ist möglich!* Dieses Versprechen erscheint uns in ganz unterschiedlichen Zusammenhängen: mal, wie mir im Retreat, in Form einer sittlichen oder ethischen Selbstvervollkommnung (ein für viele vielleicht seltsam anmutendes Bestreben, für mich damals allerdings noch sehr naheliegend); mal, wie in vielen achtsamen Ratgebern, als Aufruf, dem etwas ergrauten Leben etwas mehr »Tiefe« und »Farbe« zu verleihen; mal, wie etwa in der oben erwähnten Achtsamkeits-App, als nützliches Tool, dem ganzen Alltagsstress zu trotzen und produktiver oder entspannter zu werden. Achtsamkeit verspricht in all ihren Formen ebendies: einen Beitrag zu leisten für ein besseres, gelingenderes Leben.

Zwei Statistiken, die exemplarisch verdeutlichen, wie sehr der Begriff »Achtsamkeit« an Popularität gewonnen hat. Sowohl in deutschsprachigen Zeitungen (DWDS-Korpus) als auch in wissenschaftlichen Artikeln (Web Of Science) lässt sich vor allem seit den 1990ern-Jahren eine starke Zunahme beobachten.[2]

Dieses Versprechen ist zunächst ziemlich verführerisch. Denn Achtsamkeit formuliert nicht nur eine Theorie des gelingenden Lebens, sie versteht sich im Kern praktisch und bietet konkrete Übungsformen wie die klassische Sitzmeditation an. Achtsamkeit ist Karte *und* Gebiet zugleich. Zwischen Versprechen und Verwirklichung besteht keine Kluft, sondern eine Brücke, die jede:r gehen kann. Aus der Achtsamkeit spricht damit ein großes Zutrauen: Eine Weichenstellung ist möglich; es liegt in deiner Hand!

Ich muss gestehen: Mittlerweile schäme ich mich fast schon ein wenig dafür, dass ich diesem Verführungspotenzial zu Beginn meiner wissenschaftlichen Arbeit ein wenig erlag. Je länger ich mich mit Achtsamkeit als kulturellem Phänomen beschäftigte und je länger ich mich in der kritischen soziologischen Community bewegte, desto mehr verschob sich etwas. Die Faszination wich einer Ernüchterung und soziologischen Gewissheit: Im Kern, so meine sich verfestigende These, handelt es sich bei Achtsamkeitspraktiken um ein kulturelles Produkt, um eine Projektionsfläche, die Sehnsüchte des spätmodernen, entzauberten Subjekts bündelt, mehr noch, um eine perfekte, stark gezuckerte Pille für die überforderten Arbeitstiere unserer Beschleunigungsgesellschaft.

Hatte ich es nicht selbst erfahren? Das, was ich in der scheinbar so anderen Welt eingeübt hatte, entpuppte sich in der Großstadt als nützlicher *Skill*. Mit der vormals überfordernden Reizflut ließ es sich viel entspannter umgehen. Die anfangs angenommene *Gegensätzlichkeit* von Meditation und Gesellschaft wich mehr und mehr der Überzeugung, dass Achtsamkeit mit ihrer Zeit verflochten ist. So gesehen fiel ich im Retreat nicht *aus* der Zeit. Ich fiel *in unsere* Zeit. In eine Zeit, zu der eben auch ihr imaginiertes Außerhalb gehört.

Das Versprechen der Achtsamkeit ist also nicht nur *verführerisch*, sondern auch ungeheuer *provokativ*. Mit ihrem Versprechen stellt sie sich in die Arena einer aktuell so notwendigen wie virulenten Debatte um das gelingende Leben: Hyperkonsum, digitale Zerstreuung, die fortschreitende Zerstörung unserer Lebensgrundlagen, die drohende Klimakatastrophe – all das berührt ganz grundsätzlich die Frage, nach welchen Werten und Maßstäben wir unser Leben führen sollten. Ja, Achtsamkeit nimmt es in gewisser Weise mit dem Kapitalismus höchstpersönlich auf – und schien mir doch zunehmend Teil von dessen Verwertungslogik zu sein.

Und so ist es vielleicht kein ganz überraschender Schritt, dass ich mich nach meiner Promotion über Achtsamkeit in einem

Bereich bewarb, der ganz genuin für die Lösung gesellschaftlicher Probleme zuständig ist: der Politik. Ich tauchte ein in diesen elektrisierenden Betrieb, in das Gefühl, am Puls der Zeit zu sein, Entscheidungen beizuwohnen, die Dörfer, Städte, Länder verändern.

Merkwürdigerweise hat diese Welt etwas mit der Achtsamkeit gemein: Es ist diese intensive Erfahrung von Gegenwart. Und doch unterscheiden sich die Gegenwärtigkeiten beider Sphären: Die Gegenwart der Politik steht immer unter Druck, sie changiert zwischen Flüchtigkeit und Eskalation, sie ist die Arena eines harten Kampfes um Aufmerksamkeit. Es ist eine Gegenwart ohne Stille (und wo Stille ist, verheißt sie nichts Gutes).

Ironischerweise hat diese Atemlosigkeit und permanente Kommunikation nicht dazu geführt, dass ich Achtsamkeit vergaß. Denn das intensive, beschleunigte Leben droht sich in ein Hamsterrad zu verkehren. Die »dunkle Seite« der beschleunigten, unter Druck stehenden Gegenwart ist ein schwirrendes Gefühl, das Gefühl, bei aller Aktivität nicht mehr wirklich etwas zu bewegen. Nur zu verständlich, dass Achtsamkeit da schnell als Sehnsuchtsort der gestressten spätmodernen Subjekte auftaucht, die sich nach Ruhe, Stille und nach Sinngebung sehnen.

Kurzum: Mich hat diese Stille auch nach all den Jahren der soziologischen Entzauberung nicht losgelassen – wie auch die Frage nach den Möglichkeiten und Bedingungen gelingenden Lebens. Vier Jahre nachdem mein wissenschaftliches Sezieren der Achtsamkeit abgeschlossen ist, begleitet mich die Sehnsucht nach den Momenten der Ruhe in jenem Kibbuz weiter – und die Überzeugung, dass Stille und Klarheit aller Kritik zum Trotz *wertvoll* sind, dass sie für das Individuum und unsere Gesellschaft *Wert* haben (sollten).

Aber natürlich: Die gelebte Zeit lässt sich nicht zurückdrehen. Und so haben ein paar Hundert Seiten geschriebener Denkarbeit im Modus der Kritik (aka Dissertation) zu deutliche Spuren hinterlassen, als dass ich sie nun übergehen könnte. Daher frage ich in diesem Buch auch nicht direkt danach, was denn genau das gelingende Leben ist oder gar, ob Achtsamkeit dafür ein entscheidender Schlüssel sei. Vielmehr möchte ich zeigen, dass die Auseinandersetzung mit der Achtsamkeit vor allem Antworten auf die Frage gibt, *warum es in unserer Gesellschaft so schwer ist, ein gelingendes Leben zu führen.*

In den ersten drei Kapiteln weise ich deshalb drei zentrale Annahmen und Tücken der Achtsamkeitsbewegung zurück: Achtsamkeit sei schlicht eine universelle menschliche Fähigkeit (Kapitel 1), es handele sich um eine Entdeckung einer uralten, fernöstlichen Praxis (Kapitel 2), Achtsamkeit sei der notwendige Ankerpunkt für die Verbesserung des Lebens (Kapitel 3). Diese drei Annahmen stellen Achtsamkeit auf verschiedene Weise *außerhalb* des sozialen und politischen Raums und geben damit vor, dass es eine *einfache* Lösung auf die Frage des gelingenden Lebens gäbe. Ich verankere in den ersten drei Kapiteln Achtsamkeit somit *innerhalb* unserer Welt – auch wenn es dadurch notwendigerweise verworren wird.

Zugleich lässt das Kerninteresse dieses Buches – *Warum ist es in unserer Gesellschaft so schwer, ein gelingendes Leben zu führen?* – Raum für die Frage, worum es sich denn handeln könnte, bei diesem gelingenden Leben, allen Schwierigkeiten zum Trotz. Dazu denke ich von zentralen Kategorien und Begriffen der Achtsamkeit ausgehend über sie hinaus. Im Fokus stehen die Freiheit (Kapitel 4) und unser Welt- und Zeitverhältnis (Kapitel 5). Anders gesagt: Ich nutze die Möglichkeiten dieses Buches, um mit dem »Untersuchungsgegenstand« etwas freier umzugehen.

Am Horizont entsteht so vielleicht das Bild einer reflektierten Selbstpraxis, die um ihre Begrenztheit weiß. Achtsamkeit wäre die Kunst, den Krisen dieser Welt mit Zuversicht zu trotzen. Eine Kunst, eine behutsame Weltbeziehung zu etablieren und im bedrohlichen Ticken der Uhr eine Melodie zu hören. Und sie wäre eine Kunst, die sich selbst nicht zu wichtig nimmt – und gerade deshalb die Herausforderungen der Gegenwart umso wichtiger nehmen kann.

DIE VERGEBLICHE SUCHE — NACH — EINEM KERN

Was ist Achtsamkeit?

Was ist Achtsamkeit? Auf diese schlichte Frage gibt es zwei ganz unterschiedliche Antworten.

Die erste lautet: Achtsamkeit ist die Fähigkeit und der Zustand, ganz gegenwärtig zu sein.

Die zweite Antwort: viel komplizierter.[1]

Stellen wir uns vor, wir stehen spätabends an einem großen See, an dessen gegenüberliegender Seite ein gewaltiger Berg in die Höhe ragt. Die Dämmerung hat die Landschaft bereits in eine tiefe Stille eingehüllt. Über dem Berg erstrahlt der Himmel golden und erinnert an die Sonne, die schon vor einiger Zeit hinter dem Berg untergegangen sein muss. In solch schönen Abendstunden erscheint der Berg als Silhouette, als eine Wand mit Hauptgipfel, Bergsätteln und Nebengipfeln.

Der gewaltige Berg zu später Stunde, nachdem die Sonne hinter ihm untergegangen ist.

Doch am nächsten Morgen auf dem Weg zur ersten Bergtour stellen wir fest, dass wir uns am Vorabend von der Silhouette haben täuschen lassen. Jetzt erkennen wir mehrere sich nebeneinander auftürmende Berge und hintereinander gestaffelte Bergkämme. Je mehr wir uns nähern, desto vielfältiger wird das Bild: Täler, Schluchten, Wiesen, Hänge, Flüsse erscheinen. Wir fahren nicht zu einem Berg, sondern in ein Gebirge.

Die Sache ist aber nicht nur kompliziert, sondern *viel* komplizierter. Ein Gebirge ist ja nie nur ein Gebirge, keine reine Ansammlung von Steinen. Nehmen wir beispielsweise die Alpen: Sie erstrecken sich weit über das von unserem See aus Sichtbare hinaus und durchziehen zahlreiche Länder. Entstanden sind sie vor zig Millionen Jahren durch die Auffaltung tektonischer Platten, die auch den fernen Himalaya hervorgebracht haben. Lange Zeit stellten sie eine unüberwindbare Grenze dar und markierten gewissermaßen das Ende der Welt. Erst im 19. Jahrhundert bröckelte diese gewaltige Mauer: Tunnel wurden gebohrt, Brücken gebaut, Schienen verlegt. Der Alpinismus kam auf, und die Alpen wurden zu einem Sehnsuchtsort, einem touristischen Hotspot. Sie sind und waren immer beides: Natur und Kultur, Gegebenes und Gedeutetes, Erlebtes und Erträumtes.[2]

Ganz ähnlich verhält es sich mit der Achtsamkeit: Sie ist kein Berg, sondern ein Gebirge – und damit eine ziemlich verzwickte Angelegenheit. Zumindest ist das die Perspektive, für die ich in diesem Buch werben möchte.

Achtsamkeit erscheint von dieser Warte aus betrachtet zunächst als ein unüberschaubares Terrain. Wir stoßen auf eine schier unüberschaubare Anzahl von Übungsformen, Techniken und Definitionen. Gleichzeitig stehen diese nicht für sich. Sie sind verflochten mit verschiedenen religiösen Traditionen, in denen sie ihren Ausgang nahmen, mit zahlreichen Wissenschaften, die Achtsamkeit erforschen, mit Kontroversen über ihre gesellschaftliche Funktion und vor allem mit vielschichtigen Vorstellungen darüber, was es eigentlich heißt, ein gutes Leben zu führen. Etwas akademischer ausgedrückt: Achtsamkeit ist nicht nur eine Technik, sondern eine *kulturelle Praxis.*

In einem ziemlich theoretischen Buch über kulturelle Praktiken las ich vor einigen Jahren eine für mich sehr aufschlussreiche und gegen Ende fast poetische Passage. Ich möchte sie deshalb in ganzer Länge wiedergeben:

> Wir können mit einer Praxis niemals vollständig allein sein. Selbst wenn wir beispielsweise meditieren, um ganz bei uns selbst zu sein, greifen wir Techniken auf, deren Geschichte mehr als zwei Jahrtausende zurückreicht, die schriftlich und mündlich überliefert worden sind und sich dabei auf spezifische Weise weiterentwickelt und in verschiedene Schulen ausdifferenziert haben, die ebenso von uns direkt Bekannten wie von gänzlich Fremden praktiziert werden, um die sich soziale Kreise

Das Gebirge, wie es uns am nächsten Tag erscheint.

von Praktizierenden bilden oder die von der Fitness- und Wellnessindustrie beworben und zum »Trend« erklärt werden. *Von der vermeintlich lokalen und privaten Handlung des Meditierens führen Verbindungen an andere Orte und andere Zeiten.*[3]

Gehen wir also auf Gebirgstour, lassen wir uns an »andere Orte und andere Zeiten« führen! Erst dadurch, davon bin ich überzeugt, verstehen wir sie, die Achtsamkeit. Und so werde ich im Folgenden einen kurzen geschichtlichen Überblick über ihre Entstehung geben, um dann ein wenig Ordnung in das unüberschaubare Terrain der Achtsamkeitsbewegung zu bringen.

Eine kurze Geschichte der Achtsamkeit

Südostasiatische Reformbewegung

Die erste Etappe unserer Reise führt uns in das Südostasien des späten 19. Jahrhunderts und zu einem sehr bemerkenswerten Umstand: Obwohl im »Westen« Meditation und Buddhismus als quasi ein und dieselbe Sache gelten, spielte bis dahin im dort verbreiteten Buddhismus, dem Theravada oder »Weg der Älteren«, Meditation keine entscheidende Rolle. Vielmehr bestand die Glaubenspraxis darin, sittliche Regeln zu befolgen, religiöse Rituale auszuführen und überlieferte Lehrreden des historischen Buddhas zu rezitieren.[4]

Erst im ausgehenden 19. Jahrhundert erfährt die Meditation durch eine südostasiatische Reformbewegung eine radikale Aufwertung, wie zahlreiche religionswissenschaftliche Studien nachgewiesen haben. Wichtige Vertreter dieser auch als »Buddhistischer Modernismus« genannten Strömung waren beispielsweise Anagarika Dharmapala (1864–1933) aus Sri Lanka und Ledi Sayadaw (1846–1923) aus Myanmar.[5] Sie zentrierten die buddhistische Praxis um eine vereinfachte Meditation, lehrten diese in intensiven Retreats – häufig in neu gegründeten Meditationszentren und nicht mehr ausschließlich in Klöstern – und unterrichteten entgegen der konservativen Lehrmeinung auch Laien. Kurzum: Die aus der Einleitung bekannte *vipassana*-Meditation (dt.: Einsicht oder Betrachtung) war geboren.

Pali ist übrigens, falls Sie sich soeben gewundert haben, eine dem Sanskrit verwandte Literatursprache. Die ältesten überlieferten Schriften des Buddhismus sind in ihr verfasst, weswegen sie als Pali-Kanon bezeichnet werden und auf den sich der Theravada, also der »Weg der Älteren«, bezieht.[6]

Und auch für die Achtsamkeitsbewegung ist dieser Pali-Kanon äußerst relevant. Denn die Reformer rückten in ihrer Lehre einen Begriff in den Mittelpunkt, den der erste deutsche buddhistische Mönch Nyanatiloka (1878–1957) Anfang der 20er-Jahre mit »Achtsamkeit« übersetzen sollte: *sati*.[7] Achtsamkeit aka *sati* kommt im Pali-Kanon an zahlreichen Stellen vor. Die Reformer beriefen sich allerdings vor allem auf eine Lehrrede (Pali: *sutta*) als kanonische Basis ihrer Lehre: das sogenannte *satipatthana-sutta*, die »Lehrrede von der Gegenwart von Achtsamkeit«.[8] Es ist vor allem diese Lehrrede, die bis heute als Beleg dafür herangezogen wird, dass bereits der historische Buddha *vipassana*-Meditation praktizierte und dass es dabei vor allem um eines ging: die Kultivierung von Achtsamkeit.

Wie einflussreich diese Reformbewegung mit ihrer Aufwertung der Meditation war, zeigt sich schon alleine daran, dass ich ein gutes Jahrhundert später in einem Retreat einer dieser noch jungen Traditionen saß (um genau zu sein: in der Tradition von

Mahasi Sayadaw, 1904–1982). Vor allem aber ist es wohl nicht übertrieben zu behaupten, dass es die Achtsamkeitsbewegung ohne diese südostasiatischen Reformer nie gegeben hätte. Und damit sind wir auch schon mitten auf der zweiten Etappe unserer Gebirgstour. Sie führt uns in den »Westen«.

Vipassana im »Westen«

Bis ins 19. Jahrhundert hinein war der Buddhismus in Europa so gut wie unbekannt. Es finden sich nur vereinzelte Spuren in Berichten von Reisenden, Dichter:innen und Philosoph:innen. Dies änderte sich ab der Mitte des 19. Jahrhunderts. Eines der berühmtesten Beispiele für die verstärkte Rezeption des Buddhismus ist der Philosoph Arthur Schopenhauer. Er sah im Buddhismus eine gedankliche Nähe zu seiner pessimistischen Philosophie und machte ihn in den intellektuellen Zirkeln seiner Zeit bekannter.[9]

Die Rezeption des Buddhismus und im Besonderen der *vipassana*-Meditation im »Westen« ist eine äußert vielschichtige Angelegenheit. Und eine für die Achtsamkeitsbewegung höchst aufschlussreiche, sodass ich im nächsten Kapitel noch genauer auf sie eingehen werde. Für die kleine Geschichte der Achtsamkeit soll es hier genügen, drei Pfade dieser Verbreitung vorzustellen.

Klerikale Verbreitung:

Als wichtigster Protagonist der klerikalen Verbreitung gilt der deutschstämmige Mönch Nyanaponika (1901–1994). Ordiniert von dem bereits bekannten »Namensgeber« der Achtsamkeit, Nyanatiloka, wirkte er als Präsident der einflussreichen *Buddhist Publication Society*, die weiterhin zahlreiche Bücher zum Theravada veröffentlicht. Beeinflusst vor allem von dem burmesischen Reformer Mahasi Sayadaw, schrieb er das für die Achtsamkeitsbewegung bedeutende Buch *Geistestraining durch Achtsamkeit.*[10] Hier findet sich das vielleicht klarste und bekannteste Zeugnis davon, wie Buddhismus mit Meditation und Meditation mit Achtsamkeit verschränkt wird. Für Nyanaponika stellt Achtsamkeit den »Kern der buddhistischen Geisteslehre« dar, wie auch im englischen Originaltitel *The Heart of Buddhist Meditation* bereits deutlich wird.[11] Das Buch wurde auch in intellektuellen Kreisen jenseits der Achtsamkeitsbewegung rezipiert, etwa von Erich Fromm.[12] Wie sehr »Achtsamkeit« zum Zentralbegriff der *vipassana*-Meditation avancierte, wird auch in einem anderen Buch deutlich: das populäre *Mindfulness in Plain Englisch* (dt.: *Die Praxis der Achtsamkeit*) von Henepola Gunaratana (geb. 1927), ein ceylonesischer und in den USA lehrender Mönch.

Goenka-Methode:

Den zweiten wichtigen Pfad bei der Verbreitung der *vipassana*-Meditation finden wir beim indischen Geschäftsmann Satya Narayan Goenka (1924–2013). Besonders bemerkenswert bei Goenka ist, dass er die *vipassana*-Meditation als Laie lehrte und explizit als nicht religiöse Praxis bewarb – auch wenn zahlreiche buddhistische Lehren und sittliche Regeln in seinen Anweisungen zu finden sind. Goenka systematisierte die Meditationspraxis hochgradig und baute ein weltweites Netzwerk von Meditationszentren auf, in denen unter anderem ein zehntägiger Einführungskurs gelehrt wird.[13] Es ist übrigens diese Goenka-Schule, die jüngst ausführlich in dem Buch *Yoga* des französischen Bestsellerautors Emmanuel Carrère literarisch verarbeitet wurde. Und auch der israelische Historiker Yuval Harari empfiehlt als Schüler von Goenka Meditation als letzte seiner *21 Lektionen für das 21. Jahrhundert.*[14]

US-Laienbewegung:
Für den dritten Pfad steht ein Ort wie kein anderer: das Laien-Zentrum *Insight Meditation Society* (IMS) in Massachusetts, eineinhalb Autostunden westlich von Boston. Gegründet 1976 von Joseph Goldstein, Jack Kornfield, Sharon Salzberg und Jacqueline Schwartz, kann die *Insight Meditation Society* als bekanntestes Beispiel gelten für eine Generation, die in den 60er- und frühen 70er-Jahren mit verschiedenen buddhistischen Schulen und der *vipassana*-Meditation in Südostasien in Berührung kam und diese in Europa und den USA verbreitete und institutionalisierte. Bemerkenswert ist, dass hier nun die Meditation nicht mehr mit dem etwas sperrigen Begriff *vipassana*, sondern mit der entsprechenden Übersetzung *Insight*- oder Einsichtsmeditation beworben wurde. Gemeinsam mit dem *Spirit Rock Meditation Center*, das um Jack Kornfield in den 1980ern an der Westküste entstand, katalysierte es die Bekanntheit buddhistischer Einsichtsmeditation – und ihres Kernbegriffs: Achtsamkeit.[15]

Zen trifft Achtsamkeit

Für die dritte Etappe müssen wir einen kleinen Umweg nehmen. Denn die Achtsamkeitsbewegung lässt sich nicht nur auf den *Theravada* zurückführen. Auch die zweite Schule des Buddhismus, der *Mahayana* oder das »große Fahrzeug«, spielt bei der Popularisierung der Achtsamkeit eine wichtige Rolle. Der Mahayana ist vorwiegend in Ostasien und Vietnam verbreitet und bezieht sich nicht auf den Pali-Kanon, sondern auf spätere und in Sanskrit verfasste buddhistische Schriften.

Die wohl bekannteste Schule des Mahayana ist das Zen (japanisch, Meditation oder Versenkung). Das Zen wurde unter anderem vom japanischen Gelehrten Daisetz Teitaro Suzuki und vom Zenmeister Shunryu Suzuki in den USA und von Eugen Herrigel und Karlfried Graf Dürckheim in Deutschland bekannt gemacht. Bemerkenswert: Bei ihnen spielt Achtsamkeit eine eher nebensächliche Rolle. So kommt bei dem im Westen populären Buch *Zen-Geist – Anfänger-Geist* von Shunryu Suzuki Achtsamkeit nur in einem kurzen Kapitel vor.

Es war der vietnamesische Mönch Nhat Hanh (1926–2022), der die Verschränkung von Zen und Achtsamkeit vorantrieb und der zu einem der einflussreichsten Lehrer:innen der Achtsamkeitsbewegung werden sollte. 1926 in Vietnam geboren, besuchte Nhat Hanh in den 60er-Jahren während eines Studiums die USA und hielt friedensbewegte Vorträge im Zusammenhang mit dem Vietnamkrieg. Ab 1975 lebte er in Frankreich im Exil, wo er auch das buddhistische Meditationszentrum Plum Village gründete. Er gilt als Namensgeber und bekanntester Vertreter des »engagierten Buddhismus«, der soziales und ökologisches Engagement als Teil buddhistischer Praxis auffasst, und hat zahlreiche Bücher zum Buddhismus veröffentlicht.

Ähnlich wie Nyanaponika erhebt Nhat Hanh Achtsamkeit zu einem Schlüsselbegriff der buddhistischen Lehre und der Meditation. Programmatisch trägt so auch sein erstes Buch den Titel *Das Wunder der Achtsamkeit*. Er verbindet Achtsamkeit und Zen, indem er auch die für die *vipassana*-Meditation relevanten Quellen aus dem Pali-Kanon rezipiert, übersetzt und interpretiert, beispielsweise die bereits angeführte kanonische Basis der *vipassana*-Meditation: das *satipatthana-sutta*.[16]

Wissenschaft, Medizin, Psychotherapie

Auch wenn ich alle bisher beschriebenen Etappen als ganz wesentlich für die Verbreitung buddhistischer Meditation und Achtsamkeit halte, so kommen wir jetzt ohne Zweifel zu einem Meilenstein ihrer Popularität: die Integration der Achtsamkeit in den medizinischen und psychotherapeutischen Kontext. Kein anderer steht für diesen Prozess mehr als Jon Kabat-Zinn, Molekularbiologe und emeritierter Professor an der University of Massachusetts Medical School. Er ist zweifellos das bekannteste Gesicht der Achtsamkeitsbewegung.

In Kabat-Zinns Arbeit laufen die Fäden der bisher dargestellten Geschichte zusammen. Beeinflusst von der *vipassana*-Meditation und vom Zen, kam ihm während eines Retreats im Insight-Meditation-Society-Zentrum die Idee, beide Welten zu verbinden: die der Meditation und die der Medizin.[17] Das Ergebnis war das 1979 entwickelte achtwöchige Programm *Mindfulness-Based Stress Reduction* (MBSR) oder *Stressbewältigung durch Achtsamkeit*. Es enthält vor allem meditative Praktiken, aber auch körperliche Yogaübungen.

Das MBSR-Programm diente als Vorbild für zahlreiche weitere, abgeleitete Programme. Diese sind meist für ganz spezifische Anwendungen oder Kontexte gedacht, etwa das *Mindfulness-Based Cognitive Therapy for Depression* (MBCT) oder das *Training für Achtsamkeit am Arbeitsplatz* (TAA) zur Burn-out-Vermeidung. Achtsamkeit hat so – zusammen mit anderen, von Kabat-Zinn unabhängigen Programmen – einen festen Platz im Repertoire der psychologischen Verhaltenstherapie eingenommen.[18]

Wichtig zu verstehen ist, dass Kabat-Zinn Achtsamkeit nicht nur für die psychologisch-medizinische Praxis anschlussfähig machte. Parallel zu dem ohnehin erstarkten Interesse etwa der Neurowissenschaften an Meditation, evaluierte er die Effekte der Achtsamkeitsmeditation auch wissenschaftlich. Damit kam ein ganz entscheidender Stein ins Rollen: Achtsamkeit konnte fortan als eine wissenschaftlich fundierte Praxis beworben werden.

Mainstream-Achtsamkeit

Damit haben wir die letzte Etappe dieser kleinen Geschichte der Achtsamkeit erreicht: das kaum noch zu überblickende Gebiet des »Achtsamkeitsbooms«, von dem bereits in der Einleitung die Rede war.

Paradigmatisch dafür steht ein Bild aus dem Jahr 2015: Ein ergrauter Mann sitzt auf dem Boden, die Beine im Schneidersitz verschränkt, die Ärmel seines Hemdes hochgekrempelt, die Augen geschlossen, der Kopf leicht gesenkt. Umgeben ist er von einer Gruppe von Menschen, die mit etwas Abstand teils auf dem Boden, teils auf Stühlen sitzen, die meisten in Anzug oder Kostüm. Zwischen ihnen liegt eine Armbanduhr auf dem grauen Teppich.

Das Bild wurde beim Weltwirtschaftsgipfel in Davos aufgenommen.[19] Der etwas gekrümmt auf dem Boden sitzende Herr ist Jon Kabat-Zinn, der soeben vorgestellte Gründer der *Mindfulness-Based Stress Reduction*. Kabat-Zinn bot 2015 jeden Morgen eine halbe Stunde Achtsamkeitsmeditation an – für die Wirtschaftselite in den Bergen der Schweiz.

Die Szene zeigt, wie sich Achtsamkeit zu einer in der Unternehmenswelt anschlussfähigen Praxis entwickelt hat. Es sind längst nicht mehr nur einzelne Unternehmen wie Google oder SAP, die Achtsamkeit als Teil ihrer Human-Resources-Programme entdeckt haben. Vor allem aber zeigt die Szene, wie weit sich Achtsamkeitspraktiken von ihren einstigen Kontexten gelöst haben. Mittlerweile hat Achtsamkeit in so gut wie alle gesellschaftliche Bereiche Eingang gefunden: von den Unternehmen über Hochschulen und Gefängnissen bis hin zum Militär.[20] Und für so gut wie jede Aktivität erscheinen entsprechende Ratgeber: achtsames Essen, achtsames Erziehen, achtsamer Sport, achtsame Beziehungen usw.

Man kann Ron Purser, einem der bekanntesten Kritiker dieser Entwicklung, nur zustimmen, wenn er sagt: Achtsamkeit ist im Mainstream angekommen.[21] Den finalen Beweis dafür habe ich letztens wieder auf meinem iPhone gesehen. Wie die gegangenen Schritte können auch die »Minuten der Achtsamkeit« in der Health-App gezählt werden.

Achtsamkeit und das gelingende Leben

Schon die kurze Geschichte verdeutlicht, welch langen Weg die Achtsamkeit hinter sich hat: die Geburt der *vipassana*-Meditation in Südostasien, ihre Verbreitung durch buddhistische Mönche und Laien in Europa und Amerika, die Verbindung von Achtsamkeit und Zen, die Einführung der Achtsamkeit in den Gesundheitsbereich und schließlich ihre völlige Entgrenzung. Die jeweils neuen Erscheinungsformen verdrängen dabei keineswegs die älteren. Vielmehr versammeln sie sich alle unter dem Begriff »Achtsamkeit«. Das asketische Retreat, die achtsamen Stressreduktionskurse, Achtsamkeitsübungen via App in der Arbeitspause – all das findet gleichzeitig statt.

Angesichts dieser Vielfalt verstehen Sie hoffentlich schon besser, weshalb ich der eingangs erwähnten ersten Antwort auf die Frage, was Achtsamkeit sei, so skeptisch gegenüberstehe. Es wäre doch sehr überraschend, wenn überall ein und dieselbe Sache gemacht würde, wenn es überall ausschließlich darum ginge, einfach etwas gegenwärtiger zu sein.

Deshalb habe ich nun eine schlechte und eine gute Nachricht für Sie. Die schlechte ist, dass ich nur eine etwas vage, sehr abstrakte Definition von Achtsamkeit anzubieten habe. Sie lautet:

Achtsamkeit umfasst zahlreiche meditative Praktiken, die indirekt oder direkt mit buddhistischen Traditionen verbunden sind und den Anspruch haben, ein gelingendes Leben zu ermöglichen, indem sie eine achtsame Selbst- und Welt-Beziehung oder Haltung einüben.

Aus dieser Definition wird ersichtlich, dass von Achtsamkeit grundsätzlich in zweierlei Hinsicht gesprochen wird: einmal in der angeführten weiten Definition als kultureller Praxis und einmal in einem engeren Sinne, eben just in der spezifischen Selbst- und Weltbeziehung. Da der Begriff »Selbst- und Weltbeziehung« etwas sperrig ist, verwende ich nachfolgend für die Achtsamkeit im engeren Sinne meist den Begriff »Haltung« und bezeichne damit die Art und Weise, wie wir uns zu uns selbst und wie wir uns auf die Welt beziehen.

Die gute Nachricht ist, dass diese abstrakte Definition es uns ermöglicht, relevante Unterschiede innerhalb der Achtsamkeitsbewegung zu sehen – und dabei Raum lässt für eine Systematisierung. Und in der Tat: Ich möchte behaupten, dass in der Achtsamkeitsbewegung drei ganz unterschiedliche Modelle oder Formen zu finden sind, gelingendes Leben zu denken. Mit diesen Formen gehen nicht nur unterschiedliche Annahmen über den Menschen und die Welt überhaupt einher. Auch die Achtsamkeit im engeren Sinne als Haltung wird ganz unterschiedlich bestimmt, wie ich gleich zeigen werde.

Erst wenn wir diese unterschiedlichen Formen in den Blick bekommen, können wir differenziert über die Achtsamkeitsbewegung sprechen. Erst dann verstehen wir, was uns an der Achtsamkeit fasziniert oder womöglich irritiert, was Aspirant:innen auf dem Meditationskissen anstreben oder woran sie verzweifeln oder worüber in Zeitschriften geschwärmt oder im Feuilleton gestritten wird.

Bevor ich die drei Typen vorstelle, möchte ich eines voranschicken: Ich spitze zu, betone die Unterschiede, übergehe manche Gemeinsamkeiten, Schattierungen, Ungenauigkeiten. Ich forme, wie es in der Soziologie so schön heißt, *Idealtypen*. Diese kommen in ihrer Klarheit in der Empirie zwar nicht vor, entwirren aber die unendlichen Facetten des Alltags und machen ihn verständlicher.[22]

Sezierend-distanzierte Achtsamkeit: Mit Selbstvervollkommnung zur Erlösung

Im ersten Typ geht es ums Ganze: *Vervollkommne dich und sieh die Welt, wie sie ist, und du wirst erlöst werden* – so lässt sich das Versprechen und das Ziel dieser Achtsamkeit auf den Punkt bringen. Sie findet sich vor allem in der *vipassana*- und Einsichtsmeditation.

Im Zentrum der *vipassana*-Meditation steht die *diszipliniert* geübte Sitzmeditation. Während der jeweiligen Einheit, die meist eine Stunde dauert, soll auf jegliche Regungen des Körpers verzichtet werden. Auf jegliche. Schmerzende Knie, quälende Langeweile oder ein penetranter Juckreiz – der Körper soll davon unbeeindruckt aufrecht verweilen (und bleibt es in der Praxis natürlich nicht immer).

Als ich meine erste Stunde im Retreat 2014 einigermaßen regungslos hinter mich gebracht hatte, dachte ich: »Na, das war doch erstaunlich einfach.« Der Haken war, die Sitzmeditation wird in der *vipassana*-Meditation nicht nur diszipliniert, sondern auch *extensiv* geübt: je nach Tradition bis zu zehn Stunden täglich.

Während dieser Stunden gibt es neben dem Stillhalten nur eine Aufgabe: Egal, was vor dem inneren Auge erscheint, es soll nüchtern beobachtet werden. Genauer gesagt werden vier Schritte quasi in einer Endlosschleife wiederholt:

1. Die Aufmerksamkeit wird auf das »Meditationsobjekt« gelenkt; zu Beginn ist das meist die Atmung.
2. Früher oder später schweifen die Gedanken ab, man verliert sich in Plänen, Erinnerungen und Fantasien oder sorgt sich um die schmerzenden Knie. Kurzum: Zerstreuung tritt auf.
3. Die Zerstreuung wird registriert, so früh wie möglich.
4. Die Aufmerksamkeit wird zum Meditationsobjekt zurückgeführt (siehe 1.)

Mit Achtsamkeit im engeren Sinne ist nun die Art und Weise gemeint, wie genau man sich zu diesen Meditationsobjekten verhält.[23] Wie also soll man mit der Atmung, den Schmerzen oder dem Juckreiz umgehen?

Die Antwort der *vipassana*-Meditation ist immer eine zweifache: Alle auftretenden »Objekte« sollen sowohl *objektiv beobachtet* als auch *sezierend erforscht* werden. Statt also die Sinneseindrücke willentlich zu verändern, zu bewerten oder zu interpretieren, soll man sie nüchtern und distanziert registrierten und zugleich immer feiner, präziser und gründlicher beobachten. Die Achtsamkeit der *vipassana*-Meditation ist eine *distanziert-sezierende Achtsamkeit.*

Das ist leichter gesagt als getan. Erst kürzlich berichtete mir ein Bekannter von seinen Erfahrungen aus einem zehntägigen

Goenka-Retreat – und eigentlich kreiste alles um seinen Kampf mit den schmerzenden Knien. Erst ein paar Wochen nach dem Retreat, so berichtete er, seien seine Knie wieder »die alten« gewesen. Der *vipassana*-Meditation haftet etwas Heroisches, beinahe Martialisches an. In den Worten des ceylonesischen Mönches Henepola Gunaratana aus seinem Bestseller *Die Praxis der Achtsamkeit*: »Vipassana-Meditation ist kein Spiel.«[24]

Umso mehr stellt sich die Frage: Wozu das alles? Warum sollte man sich das antun? Was verspricht man sich davon? Was wird einem davon versprochen?

Es ist ebenjene eingangs formulierte Überzeugung, nach der das Leben nur dann gelingt, wenn wir nach Vervollkommnung und Erlösung streben – und damit steht die bisher unterschlagene Behauptung im Raum, dass in unserem alltäglichen Leben etwas gehörig schiefläuft. Die *vipassana*-Meditation ist nämlich nichts anderes, wie es bei Gunaratana weiter heißt, als »ein Weg nach oben und hinaus aus dem Morast, in dem wir alle stecken, dem Sumpf unserer eigenen Begierden und Abneigungen.«[25]

Das leuchtende Versprechen der Erlösung hängt demzufolge unzertrennlich mit einer düsteren Diagnose zusammen: der buddhistischen Lehre von der leidhaften Existenz (Pali: *dukkha*; Sanskrit: *duhkha*), die Gunaratana hier als »Morast« bezeichnet. Dieser Leidbegriff umfasst sowohl konkrete Leiderfahrungen (Hallo, Knieschmerzen!) als auch die allgemeine Überzeugung, wonach weder leidhafte noch glückliche Momente als Grundlage einer dauerhaften glücklichen Existenz dienen können. »Anhaften an Positivem hält Sie«, so Gunaratana, »mit Sicherheit genauso im Schlamassel wie Verhaftungen im Negativen.«[26]

Um diesem düsteren Tal unseres Alltags zu entkommen, gibt es nur einen Weg: die Selbstvervollkommnung. Denn die Ursache des Leidens wird zurückgeführt auf ebenjenen »Sumpf« aus Begierde und Abneigungen. Alle Tätigkeiten oder Handlungen (Sanskrit: *karma*), die aus Begierde oder Abneigung entspringen, gelten als Ursache künftigen Leids. Gerade hieraus begründet sich die distanzierte Qualität der Achtsamkeit: In der Meditation soll just eine Haltung eingeübt werden, die auf die Meditationsobjekte weder mit Begierde noch mit Abneigung reagiert, ihnen weder zuneigt noch ausweicht. Sie ist damit die fundamentale Voraussetzung, um als heilsam betrachtete Faktoren wie Gelassenheit oder Mitgefühl zu entwickeln.

Und es gibt noch eine dritte Ursache des Leidens, es ist wohl die ultimative: die Illusion oder Verblendung (Pali: *moha*). Sie gehört wie die Begierde und Abneigung zu den »Drei Wurzeln des Bösen« (Pali: *akusula-mula*; Sanskrit: *akusala-mula*). Diese Verblendung bezieht sich darauf, dass wir in unserem alltäglichen Bewusstsein nicht wissen, nicht akzeptieren, nicht wahrhaben wollen, wie die Welt *eigentlich* beschaffen ist: leidhaft (wie oben beschrieben), unbeständig oder vergänglich *(anicca)* und ohne beständiges Selbst *(anatta)*.

Genau auf diese Überwindung der Verblendung bezieht sich *vipassana* oder Einsicht. Meist wird sie definiert als eine Fähigkeit, »die Dinge so zu sehen, wie sie sind«.[27] Und so lässt sich auch die zweite von mir ausgemachte Qualität – das Sezieren – verstehen: Alles, was erscheint, soll so genau betrachtet werden, dass sich die Welt, wie sie eigentlich ist, offenbart. In allem ist Leid, in allem ist Unbeständigkeit, nirgends ist ein Selbst, das überdauert, zu finden! Aus dieser Einsicht heraus, so lautet das Versprechen, können wir das Leid überwinden und treten ein in das *nibbana* (Pali) oder *nirvana* (Sanskrit), einen nicht näher bestimmten Zustand des Unbedingten jenseits aller leidhaften, unbeständigen Dinge.

Kurzum: Die *vipassana*-Meditation versteht sich als ein Weg der Läuterung beziehungsweise der Reinigung oder auch der Vervollkommnung. Indem die drei unheilsamen, Leid verursachenden »Wurzeln des Bösen« ersetzt werden durch heilsame Faktoren (etwa Gelassenheit oder Mitgefühl), soll am Ende die befreiende Einsicht für die Meditierenden stehen. Die distanziert-sezierende Achtsamkeit bereitet in dieser Logik die Einsicht vor, indem sie die Welt der Dinge distanziert betrachtet und zugleich seziert, sodass »die Dinge so gesehen werden können, wie sie sind«.

Ich symbolisiere diese Achtsamkeit gerne mit einem Ausrufezeichen. Egal womit wir es zu tun haben: Die distanziert-sezierende Achtsamkeit setzt hinter jede Erfahrung eine befreiende Bestätigung: »Ich sehe: Die Welt ist unbeständig! Es gibt Leiden! Das Selbst ist eine Illusion!« Von dieser Warte aus betrachtet, sind auch die Knieschmerzen nur eine willkommene Möglichkeit, dies zu erkennen.

Interessiert-sorgende Achtsamkeit: Auf der Suche nach Lebendigkeit

»Wenn einer unserer Körperteile gefühllos wird oder schmerzt, sagt er uns etwas, und wir sollten auf ihn hören.«[28] Hätte dieser Satz von Nhat Hanh, dem vietnamesischen Mönch, im obigen Abschnitt stehen können? Wohl kaum. Und das ist kein Zufall. Vielmehr verweisen Sätze wie diese auf die zweite Art und Weise innerhalb der Achtsamkeitsbewegung, ein gelingendes Leben zu denken. Auch in diesem zweiten Typ geht es ums Ganze – nur um ein ganz anderes. Und etwas subtiler. *Fühle und frage nach dem Besonderen,* so lautet das Versprechen, *und du wirst das eigentliche Leben spüren.*

Die zweite Form der Achtsamkeit lässt sich nicht so klar wie die distanziert-sezierende einem Kontext der Achtsamkeitsbewegung zuordnen. Wir haben sie bei der kurzen Geschichte in verschiedenen Etappen gestreift: Die Einsichtsmeditation von Jack Kornfield zähle ich ebenso zu dieser zweiten Form wie die Zen-Achtsamkeit von Nhat Hanh und die medizinische und populäre Achtsamkeit von Jon Kabat-Zinn.

Während bei der sezierend-distanzierten Achtsamkeit die Sitzmeditation Chiffre und Kern der Praxis ist, so ist es nun eine Differenz: die zwischen den *formellen* und *informellen Praktiken.*[29] Formelle Praktiken wie die Sitzmeditation werden exklusiv, in einer klar definierten Form, Dauer und Abfolge geübt. Informelle Praktiken hingegen finden während alltäglicher Aktivitäten statt. Die einen erheben den täglichen Gang über den Büroflur zur informellen Praktik, die anderen den Abwasch.[30] Achtsamkeit bezeichnet dann nicht mehr die Achtsamkeit *von* Sinneseindrücken, sondern die Achtsamkeit *bei* Tätigkeiten, die mit voller Hingabe und Konzentration ausgeübt werden.[31]

Die Einführung dieser Differenz lässt sich verstehen als eine Abgrenzung vom ersten Achtsamkeitstyp. Achtsamkeit soll nicht mehr nur vorrangig auf dem Kissen in Abgeschiedenheit vollzogen werden, sondern einen Ort im täglichen Leben haben. Die informellen Praktiken wirken als Vehikel, um nach und nach den gesamten Alltag zu »verachtsamen«. Paradoxerweise dient also die gezogene Differenz gerade dazu, eine andere zu überwinden, nämlich die zwischen Alltag und Meditation.

Die Verschiebung und Ausweitung der Achtsamkeitspraxis geht einher mit einer qualitativ anderen Bestimmung der Achtsamkeit im engeren Sinne, der achtsamen Selbst- und Weltbeziehung. Nicht mehr die Distanzierung und das Sezieren der Sinneswelt steht im Vordergrund, sondern eine Achtsamkeit, die sich mit einem empathischen, einem genuinen Interesse ihren »Meditationsobjekten« nähert. In den Achtsamkeitsanleitungen der Protagonist:innen dieser Achtsamkeit lesen wir Adjektive wie »freundlich«, »liebevoll« oder »sanft«.[32] Besonders das im Deutschen schwer zu übersetzende Wort »careful« ist nun häufig zu finden. Obwohl es gewöhnlich mit »sorgfältig« oder »vorsichtig« übersetzt wird, meint es aber gerade auch »sorgsam« oder »behutsam«.[33]

Die *interessiert-sorgende Achtsamkeit,* wie ich diesen zweiten Typ nenne, beobachtet die Sinneswelt nicht nüchtern-kühl, sondern sie »lauscht«, »fühlt«, »hört zu«.[34] Das ist keine Wortklauberei, sondern zeigt an, dass Achtsamkeit hier eine Dimension erhält, die dem ersten Typ der distanziert-sezierenden Achtsamkeit fremd ist: die Selbstsorge. Neben der Achtsamkeit *von* Sinneseindrücken wie der Atmung und der Achtsamkeit *bei* alltäglichen Aktivitäten wie dem Abwaschen haben wir es also zudem mit einer »Achtsamkeit auf« zu tun, im Sinne eines »Auf-sich-Hörens«. Achtsam zu sein, meint in diesem Typus, die Empfindungen des Körpers sorgfältig wahrzunehmen *und* sorgsam mit ihnen umzugehen, seine Bedürfnisse zu respektieren und wertzuschätzen. Die Veränderung der Sitzhaltung zeugt nicht mehr von einem Scheitern, sondern bekräftigt hier zumeist eine interessiert-sorgende Achtsamkeit.

Der Aspekt der Sorge bezieht sich in der interessiert-sorgenden Achtsamkeit auch auf andere Menschen. Dies hängt bei Nhat Hanh etwa mit seinem Verständnis eines engagierten Buddhismus zusammen, tritt aber auch dort auf, wo Achtsamkeit in dem Sinne verstanden wird, anderen offen und mit voller Aufmerksamkeit zuzuhören.[35] Die interessiert-sorgende Achtsamkeit kennt also vier Modi: Achtsamkeit *von*, *bei*, *auf* und *für,* wie ich diese bezeichne.

Aber selbst wenn diese Achtsamkeit weniger heroisch, ja vielleicht etwas menschlicher daherkommt, stellt sich auch hier die Frage nach dem Wozu. Warum sollten wir, ich paraphrasiere einen Satz von Nhat Hanh, das Geschirr waschen, um das Geschirr zu waschen?[36] Warum sollten uns die trivialsten Aktivitäten interessieren? Woher die plötzliche Aufwertung des Körpers?

Eben weil es auch hier ums Ganze geht, weil auch hier das Leiden als Hintergrundfolie, wenn auch in anderer Farbe, bestehen bleibt. »Die Tage, Monate und Jahre«, so heißt es in einer pointierten Passage von Jon Kabat-Zinn, die es leider nur in Teilen in die deutsche Ausgabe geschafft hat, »vergehen schnell – unbemerkt, ungenutzt, nicht wertgeschätzt. Es passiert allzuleicht, daß wir auf einer umnebelten, schiefen Bahn ins Grab schlittern.«[37] Es ist die Klage eines verpassten Lebens, das Gefühl »nicht wirklich bei sich selbst zu sein« und »nicht wirklich in der Welt zu stehen«, das in den Fokus gerückt wird. Etwas allgemeiner gesagt: Das Leiden der interessiert-sorgenden Achtsamkeit wird definiert als ein Selbst- und Weltverlust.

Dieser Fokus ist im Vergleich zur distanziert-sezierenden Achtsamkeit eine erstaunliche, ja fundamentale Verschiebung: Statt die leidhafte Existenz zu überwinden, geht es darum, das Leben nicht zu verpassen. Statt Erlösung anzustreben, darum, das Leben *wirklich* zu leben.

In den nächsten Kapiteln werde ich diese Verschiebung als eine Strategie deuten, Achtsamkeit als eine für den »Westen« anschlussfähige Praxis zu präsentieren. Ich will aber zunächst zeigen, wie diese Verschiebung zusammenhängt mit der Umdeutung der zentralen Grundannahmen. Und dabei spielt die bereits angedeutete Verbindung der *vipassana*-Meditation mit dem Zen-Buddhismus eine relevante Rolle.

Wie das Leiden so erfahren auch die Lehren des »Nicht-Selbst« *(anatta)* und die Lehre der Unbeständigkeit *(anicca)* eine Umdeutung. So taucht plötzlich ein positiv konnotiertes »wahres« oder »reales Selbst« auf und damit Spuren des mahayanischen *buddhata* oder der »Buddha-Natur«. Vor allem tritt eine gänzlich neue Annahme auf: die »Leere« (Sanskrit: *sunyata*) oder Interdependenz. Sie bezeichnet, in meinen Worten, die Annahme, dass alles, was existiert, nicht aus sich selbst heraus besteht. Alles, was ist, ist damit »leer«, ohne eine sich selbst genügende Identität. Ein Blatt Papier, so das illustrative Beispiel von Nhat Hanh, könne nicht aus sich selbst heraus existieren, sondern »enthalte« Wolken, Regen, Bäume usw. Seine eingängige Formel ist daher: »›To be‹ is to inter-be.«[38] Einsicht, hier häufig als »looking deeply« oder »tief blickend« bezeichnet, umfasst in diesem Achtsamkeitstyp deshalb auch, die Dinge als fundamental miteinander verbunden zu erkennen.

Aus dieser Annahme ergeben sich viele Konsequenzen: Das Selbst kann nicht als isoliertes gedacht werden, sondern als ein »wahres Selbst«, das mit allem verbunden ist; die bereits behandelte Trennung von Praxis und Alltag erscheint künstlich; die kategoriale Unterscheidung von weltlicher Unbeständigkeit (Pali: *anica*) und dem ominösen Zustand des Unbedingten (Pali: *nibbana*) ist unhaltbar. Vor allem aber wird nun die Unbeständigkeit des Lebens positiv besetzt. Statt der *Vergänglichkeit* der distanziert-sezierenden Achtsamkeit haben wir es zu tun mit: *Lebendigkeit*. Jeder Moment, und sei er noch unbeständig, wird als einzigartig und in sich als wertzuschätzender aufgefasst.[39] So spricht Kabat-Zinn in seinem Kapitel zur »Verbundenheit« von einer »Würdigung der Impermanenz«.[40] Dem zweiten Typ der Achtsamkeit zufolge, ist es also gerade die Einzigartigkeit eines jeden Moments, in dem das eigentliche Leben zu erspüren ist.

Der Logik der Einzigartigkeit folgend, symbolisiere ich diese Achtsamkeit deshalb gerne mit einem Fragezeichen. Es steht dafür, dass in jedem Moment interessiert und zugewandt gefragt werden soll: »Was ist jetzt? Und jetzt? Und jetzt?« Das Hier und Jetzt ist nicht mehr ein Mittel zum Zweck der Erlösung, sondern Mittel *und* Zweck gelingenden Lebens. Der drohende Selbst- und Weltverlust wird nach diesem zweiten Achtsamkeitstyp schon allein dadurch abgewendet, dass wir achtsam das Geschirr spülen oder den Atem spüren, wie er ein- und ausströmt.

Funktionalistische Achtsamkeit: Die Optimierung des Selbst

Im dritten Achtsamkeitstyp geht es nicht mehr ums Ganze, sondern um eines: sich selbst. Diese Achtsamkeit gründet auf dem moralischen Imperativ: *Beseitige die Störungen, die dich davon abhalten, deine Ziele und Zwecke zu verfolgen.*

Diese dritte Version gelingenden Lebens innerhalb der Achtsamkeitsbewegung findet sich entlang der letzten beiden Etappen unserer kurzen Geschichte, sowohl in ihrer medizinischen Verwendung als auch in der Mainstream-Achtsamkeit. Während ich Kabat-Zinns Modellierung der Achtsamkeit in seinem Programm *Mindfulness-Based Stress Reduction* (MBSR) zum vorigen Typ der interessiert-sorgenden Achtsamkeit rechne, zähle ich die daraus abgeleiteten Programme wie die *Mindfulness-Based Cognitive Therapy* (MBCT) zu diesem dritten Typ.

Ich hatte ja bereits betont: Das Feld der Mainstream-Achtsamkeit ist unüberschaubar. Ich beschränke mich deshalb auf zwei ganz prominente Beispiele: auf die Konzeption der Achtsamkeit von Andy Puddicombe, Gründer der Erfolgs-App *Headspace,* und auf das von Chade-Meng Tan bei Google 2007 entwickelte Programm *Search Inside Yourself.* Letzteres ist besonders relevant, da Tan seinen als SIY abgekürzten Ansatz seit 2012 in einem eigenständigen Institut verbreitet (SIYLI) und dort ausgebildete Achtsamkeitstrainer:innen auch bei bekannten Unternehmen wie SAP lehren.[41]

Was die konkrete Meditationspraxis angeht, so bietet dieses Modell vor allem eine Verkürzung der geforderten Übungsdauer – bei *Headspace* waren es mal zehn Minuten täglich, jetzt beginnt es mit drei Minuten. Was die Bestimmung der Achtsamkeit als Haltung angeht, so werden vor allem bekannte Definitionen verwendet. Beispielsweise zitiert Tan die Definitionen von Kabat-Zinn und Nhat Hanh. Natürlich: Bei dieser Rezeption gibt es viele Unterschiede im Detail. Viel spannender und entscheidender ist bei diesem Typ aber, wie Achtsamkeit gerahmt, wie Achtsamkeit gedeutet, wie hier die Frage beantwortet wird, wozu wir sie üben sollten.

Als Erstes fällt auf, dass bei dieser Achtsamkeit letztlich eine anspruchsvolle Vorstellung von Einsicht aufgegeben wird. Bei der distanziert-sezierenden Achtsamkeit ist sie das unumstößliche Ziel der Übung. Und auch wenn die Einsicht bei der interessiert-sorgenden Achtsamkeit nicht mehr ganz so systematisch verwendet wird, ja sogar begrifflich mit der Achtsamkeit verschwimmt, so ist sie dort nicht minder von Bedeutung. Bei dem dritten Modell hingegen wird Achtsamkeit von dem Begriff der Einsicht vollständig gelöst.

Vielmehr stehen viele vermeintlich positive, wissenschaftlich belegte Effekte auf die Gesundheit und eine Verbesserung aller möglichen Lebenssituationen im Fokus.[42] Ich schreibe ganz bewusst von »vermeintlichen« Effekten, da vermehrt Studien erscheinen, die diese »positiven« Ergebnisse relativieren oder auf negative gesundheitliche Effekte hinweisen. Dieser Umstand findet mittlerweile auch Eingang in die öffentliche Debatte.[43]

Dessen ungeachtet präsentieren viele Protagonist:innen – bisher zumindest – Achtsamkeit als eine Art Allheilmittel, das in jeder Situation wie ein »MacGyver Schweizer Messer«[44] helfe. Die explosionsartige Zunahme verschiedener Programme, Ratgeber und Apps geht nicht zuletzt auch auf diese Entgrenzung zurück, die zugleich eine thematische Eingrenzung darstellt: Wenn Achtsamkeit bei so gut wie allem nützt, kann zu allem ein Buch unter dem Stichwort Achtsamkeit geschrieben werden.

Und dieses »Nützen« ist genau das, worum es bei diesem dritten Typ, der *funktionalistischen Achtsamkeit*, geht. Es geht nicht darum, eine wie auch immer geartete Wirklichkeit zu erkennen oder aufzudecken. Eine Wirklichkeit, die das Bild davon, wer wir sind und wie wir die Welt, in der wir leben, wahrnehmen, potenziell gründlich ändern kann. Es geht auch nicht um die Transformation eines als grundsätzlich falsch erachteten Lebensvollzugs. Nein, die funktionalistische Achtsamkeit schert sich nicht um die Welt, sondern darum, wie sich der Einzelne in dieser bewährt.[45]

Daraus aber zu schließen, diese Achtsamkeit verhalte sich neutral gegenüber der Frage des gelingenden Lebens, wäre zu einfach. Der moralische Kern liegt vielleicht nur etwas versteckter. Ein Zitat von Puddicombe, dem Headspace-Gründer, kann das gut illustrieren:

> Meditation ist eine wunderbare Technik, die Ihr Leben verändern kann. Wie Sie diese Technik einsetzen, liegt ganz allein bei Ihnen. Jetzt, da die Medien sich verstärkt mit Meditation und Achtsamkeit beschäftigen, scheinen Lehrmeister [im Original: people] es eilig zu haben, deren Zweck zu definieren. In Wahrheit definieren *Sie* diesen Zweck, indem Sie entscheiden, wie Sie Meditation einsetzen.[46]

Dieses Zitat stellt eine ziemliche Verdrehung der Tatsachen dar. Denn wie ich gezeigt habe, ist der Zweck der Achtsamkeit in den vorigen beiden Typen und vor allem im buddhistischen Kontext ja eng definiert – und somit die beklagte Definition ihres Zweckes mitnichten ein Symptom ihrer Popularität. Es verhält sich doch umgekehrt: Die »eilige Definition ihres Zweckes« kann man verstehen als einen Versuch, Achtsamkeit gegen eine beliebige Verwendung zu verteidigen, als eine Kritik an der außerbuddhistischen Aneignung.

Es ist nicht ohne Ironie, dass Puddicombe eine vermeintliche voreilige Zweckbestimmung der Meditation kritisiert und zugleich genau dies tut: den Zweck der Meditation zu bestimmen, ein Werkzeug zu sein. Eines das gänzlich im Dienst des Subjektes steht und für dessen Interessen, Wünsche und Ziele eingesetzt werden kann. Ganz deutlich wird dies im englischen Original. Dort heißt es im letzten Satz: »how you choose to use it«.[47]

Das Achtsamkeitswerkzeug hat einen Ansatzpunkt: die innere Zerstreuung, das reaktive Abspulen von Mustern oder Bewertungen. Sie gelten nicht als moralisch kritikwürdig, weil so das *eigentliche* Leben verpasst oder schlechtes *karma* angesammelt würde. Nein, die Zerstreuung wird in der funktionalistischen Achtsamkeit allein deswegen problematisiert, weil sie dem Subjekt im Wege stehe. Sie stört die freie Wahl.[48]

Die Übung der Achtsamkeit dient weniger der Transformation des Selbst, sondern dem Selbst selbst. Die Meditation hat nicht das Ziel, etwas *Entscheidendes* über uns oder die Welt zu erfahren, sondern den Weg für den eigenen Willen frei zu machen. Sie ist das Werkzeug eines freien und über sich verfügenden Selbst, das sich dank der Technik den Forderungen der Welt besser zu stellen vermag – und das »auf Kommando«, wie es Tan schreibt.[49] Das gute Leben besteht nicht in der Überwindung oder in der Entfaltung des wahren Selbst, nein, es besteht in dessen Selbstoptimierung.

Ich symbolisiere diese funktionalistische Achtsamkeit deshalb gerne mit einem Doppelpunkt. Er steht hinter dem Wollen des Subjektes: »Ich will: …«

Exkurs: kitschige Achtsamkeit?

Ich habe diese kurze Geschichte der Achtsamkeit mit ihren fünf Etappen und den drei Formen, das gelingende Leben zu denken, schon einige Male beschrieben und vorgetragen. Und doch mehren sich bei mir die Zweifel, ob ich die Achtsamkeitsbewegung – jenseits der notwendigen Reduktion auf Idealtypen – hinreichend beschrieben habe.

Mit dem Wort Achtsamkeit werden mittlerweile so viele Bedeutungs- und Verwendungszusammenhänge verbunden, dass mir manchmal die Frage kommt, ob der Begriff überhaupt noch bedeutungsvoll ist. Ich erahne in manchen beiläufigen Alltagsbeobachtungen immer noch Spuren der soeben unterschiedenen drei Typen. Aber die Verbindungen werden loser, wenn es sie denn überhaupt noch gibt. Während ich über Achtsamkeit forschte und versuchte, ihr Terrain zu vermessen, türmten sich, um die eingangs verwendete Metapher zu bemühen, immer neue Gipfel und Bergketten auf.

Ich denke, ich hätte schon gegen Ende meiner Dissertation eine weitere, vierte idealtypische Form innerhalb des Achtsamkeitsdiskurses sehen und unterscheiden müssen. Ich kann diese zwar noch nicht genau fassen und habe dafür zu wenig empirisches Material. Doch ich habe eine Vermutung:

Mit diesem vierten Typus müsste der heute häufig zu beobachtende Allgemeinplatz erfasst werden, in dem »Achtsamkeit«

für ein wenig mehr Selbstbezogenheit und den Wunsch nach Ruhe steht. Dieser hat mit dem Ernst und Anspruch der asketischen Variante, die ich im Retreat kennenlernte, fast gar nichts mehr gemein – außer dem Namen. Achtsamkeit ist in dieser vierten Form eher ein Symbol als eine konkrete, regelmäßige Übung. Es ist eher eine mediale, popkulturelle Selbst-Praxis. Wie die Buddhastatue für ein paar Euro, so ist auch der Achtsamkeitskalender, wie er in Buchläden mittlerweile zu finden ist, ein Beispiel für diese ganz und gar trivialisierte Achtsamkeit. Diese begegnet uns immer häufiger dort, wo wir sie noch vor wenigen Jahren nicht vermutet hätten: beim Lego-Spiel, das plötzlich als Übung der Achtsamkeit vermarktet wird, im Supermarkt beim Griff zu einem »Innere-Ruhe«-Kräutertee oder auf einem Flyer für Kochboxen, die nicht nur leckeres Essen, sondern zudem achtsames Kochen versprechen. In manchen dieser Achtsamkeitsprodukte finden wir vielleicht ein paar Meditationsübungen, ein paar aufbauende Verse, die Betonung von Selbstliebe und -fürsorge. Doch so niedlich sich diese Objekte und Sprüche auch geben, so vage und unverständlich bleiben sie.

Ich bezeichne diese Achtsamkeit als Kitsch. Kitsch entsteht dann, so hat es der Literaturwissenschaftler Moritz Baßler formuliert, »wenn immer schon vorausgesetzt und der Zielgruppe klar ist, was relevant und richtig ist«. Man sagt »Achtsamkeit« oder »Lebe in der Gegenwart!«, und das entsprechende Milieu nickt zustimmend, während andere wie ich darüber den Kopf schütteln. Es fordert die einen nicht auf, etwas zu ändern, und verhindert bei den anderen, sich etwas genauer mit Achtsamkeit in ihren komplexeren Formen auseinanderzusetzen.

Diesen vierten, hier nur angedeuteten und vermuteten Typ der Achtsamkeit, werde ich im Folgenden nicht behandeln. Es würde das Thema sprengen – und ich würde zu viel in einen Topf werfen. Doch die Kritik an der Achtsamkeit, wie ich sie noch entwickeln werde, scheint mir ganz besonders auf diesen vierten Typus zutreffen.

Symbolisieren ließe sich diese kitschige Achtsamkeit durch einen Punkt: eine vermeintlich in sich abgeschlossene Sache. Und zusammenfassen ließe sich ihr Anspruch dementsprechend so: *Sei achtsam und alles ist gut (oder zumindest besser)*.

Sehnsucht nach Sicherheit in unsicheren Zeiten

Meine Analyse von Achtsamkeit als kultureller Praxis steht konträr zu der eingangs genannten ersten Antwort auf die Frage, was Achtsamkeit sei. (Zur Erinnerung: *Achtsamkeit ist die Fähigkeit und der Zustand, ganz gegenwärtig zu sein.*) Zweifelsohne taucht dieses Moment, der Gegenwartsbezug, in allen Facetten der Achtsamkeitsbewegung auf. Ich werde darauf im letzten Kapitel eingehen. Achtsamkeit aber im Sinne der ersten Antwort auf den Gegenwartsbezug zu reduzieren, halte ich für falsch. Und das aus drei Gründen.

Der erste und naheliegendste Grund ist die offensichtliche *Heterogenität* der Achtsamkeitsbewegung. Wie ich gezeigt habe, gibt es drei ganz unterschiedliche Antworten auf die Frage des gelingenden Lebens. Hier noch mal zusammengefasst:

1. Distanziert-sezierende Achtsamkeit: *Vervollkommne dich und sieh die Welt, wie sie ist, und du wirst erlöst werden.*
2. Interessiert-sorgende Achtsamkeit: *Fühle und frage nach dem Besonderen, und du wirst das eigentliche Leben spüren.*

3. Funktionalistische Achtsamkeit: *Beseitige die Störungen, die dich davon abhalten, deine Ziele und Zwecke zu verfolgen.*

Achtsam zu sein, kann also heißen, der buddhistischen Moral entsprechend zu leben (1.), dem »wirklichen Leben« nachzuspüren (2.) oder seine eigenen Ziele möglichst effektiv zu verfolgen (3.). Achtsamkeit lediglich im Sinne der ersten Antwort zu bestimmen, würde die Achtsamkeitsbewegung verflachen – obwohl die drei ganz unterschiedlichen Verwendungsweisen und Praktiken der Achtsamkeit gegenwärtig benutzt und geübt werden.

Der zweite Grund ist, dass sich hinter der verkürzten Antwort eine in der Achtsamkeitsbewegung weitverbreitete Annahme verbirgt, wonach es sich bei Achtsamkeit um eine universelle, natürliche Eigenschaft und Fähigkeit des Menschen handele. Nicht die Unterschiede, Widersprüche und der jeweilige soziale und gesellschaftliche Kontext der Achtsamkeit gelten als entscheidend, sondern ihr *Kern*, ihr *Wesen*, ihre *Essenz*. Unter der Hand wird durch diese Essentialisierung der Achtsamkeit aber die Frage gelingenden Lebens als eine psychologische Frage aufgefasst. Natürlich: Achtsamkeit hat eine psychologische Dimension. Aber daraus folgt nicht, dass wir Achtsamkeit kultivieren sollten und dass die mit der Achtsamkeit verbundenen Annahmen und Vorstellungen gelingenden Lebens überzeugend sind. Just die Fähigkeit, gegenwärtig sein zu können, hervorzuheben (und nicht etwa die Fähigkeit, zu denken, zu spalten, zu lieben, zu verletzen, *you name it*), ist das Ergebnis eines Werturteils. Und über solche Werturteile müssen wir uns kollektiv verständigen. Ich werde in den folgenden Kapiteln immer wieder auf den Irrtum der psychologischen Verengung zurückkommen.

Die Essentialisierung der Achtsamkeit, also die Nivellierung aller Differenzen durch das Postulat einer vermeintlichen universellen Eigenschaft, geht zudem – und damit komme ich zum dritten und letzten Grund – mit einer *Essentialisierung des Menschen* einher. Am anschaulichsten wird dies bei der Berg-Meditation, wie sie im Programm *Mindfulness-Based Stress Reduction* (MBSR) von Kabat-Zinn geübt wird. Bei dieser stellt man sich vor, ein Berg zu sein. Als dieses »Berg-Ich« setzt man sich nun den Witterungen und Jahreszeiten aus. Der Clou dabei: Der Berg selbst, so zumindest die Deutung in der Meditationsanleitung, verändert sich dabei nicht. Der Berg steht unerschütterlich und unbewegt. Wind und Wetter, Sonne und Sturm können ihm nichts anhaben. Der Berg wird zum Sinnbild für eine reine, universelle menschliche Eigenschaft. Mehr noch: Er symbolisiert eine Stabilität, die uns Achtsamkeit verspricht, »und dies inmitten all der tosenden Stürme«[50].

Es war also nicht ganz zufällig, dass ich anfangs die Metapher des Berges und Gebirges wählte. Achtsamkeit als einen universellen Kern des Menschen zu bestimmen, scheint mir weniger mit »der Sache an sich« zu tun zu haben, sondern der *Ausdruck einer modernen Sehnsucht* zu sein. In einer Welt, die immer komplexer wird und sich immer schneller zu drehen scheint, verspricht das Postulat eines universellen, in uns zu findenden Kerns Einfachheit, Klarheit und Halt. Doch auch wenn es verführerisch sein mag, in uns nach einer einfachen Lösung für das verworrene Leben zu suchen – dieser Halt ist haltlos. Denn sobald wir uns diesen angeblichen Kern genauer anschauen, stoßen wir, wie ich zu zeigen versucht habe, auf ganz unterschiedliche Vorstellungen gelingenden Lebens. Die Suche endet hier nicht. Sie beginnt erst.

DER UNREFLEKTIERTE BLICK IN DEN »FERNEN OSTEN«

Wie ist Achtsamkeit so populär geworden?

In der Einleitung schrieb ich, die Sache mit Aikido, dieser japanischen Kampfkunst, sei eine Geschichte für sich. Aber ist sie das wirklich?

Meine Faszination für asiatische Kampfkünste begann früh: Als Jugendlicher schaute ich so gut wie alle Filme von Jackie Chan, staunte über fliegende Held:innen in *Tiger & Dragon* oder *Hero*, las über die sagenumwobenen Fähigkeiten der Mönche aus Shaolin, einem buddhistischen »Kampfkunst-Kloster« in China. Unübertroffen ist für mich auch heute noch der erste Teil der Filmreihe *Matrix*: Der Protagonist und designierte Retter der Menschheit Neo nimmt nach einer Akupunkturbehandlung und einer virtuellen Trainingseinheit mit den Worten »I know kung fu« den Kampf gegen die Maschinen auf – und sagt damit im Subtext, dafür seien östliche Superkräfte unerlässlich.[1]

Diese Filme – und einige Umwege – führten mich zur japanischen Kampfkunst Aikido und Aikido ein paar Jahre später nach Tel Aviv und dort, Sie ahnen es bereits, an den Flughafen in jener Nacht, mit der ich dieses Buch begann. Meine Leidenschaft für Aikido und meine leuchtenden Augen, mit denen ich den Mönch empfing, hatten wohl eines gemeinsam: eine Faszination für den »Fernen Osten«. Ich hatte ein seltsam unreflektiertes Bild davon, dass es dort in weiter Ferne etwas Besonderes gäbe, das »hier bei uns« nicht zu finden wäre. Mehr noch: etwas Besonderes, das fehlte.

In der Achtsamkeitsbewegung fällt diese Faszination auf fruchtbaren Boden. Als Chiffre dafür stehen die immer wieder genannten »2500 Jahre«, die Achtsamkeitspraktiken bereits alt seien – und damit der Verweis auf den historischen Buddha *Siddhartha Gautama* (Sanskrit; Pali: Gotama).[2] So argumentiert der bereits aus dem vorigen Kapitel bekannte Mönch Nyanaponika gleich zu Beginn seines Buches *Geistestraining durch Achtsamkeit*, Achtsamkeit sei eine uralte, vom »großen Menschheitslehrer« Buddha entwickelte Praxis, die für den gebeutelten Westen als »lebenswichtige Botschaft« wie gerufen komme.[3]

Hinter dieser Chiffre und hinter dem Verweis auf den historischen Buddha steckt eine Geschichte: Achtsamkeit sei nichts Neues oder Erfundenes, keine Mode und kein Trend, sondern habe sich schon seit Jahrtausenden im Fernen Osten bewährt. Die Popularisierung der Achtsamkeit lässt sich als eine *Geschichte der Entdeckung* erzählen: Nach 2500 Jahren haben wir endlich Zugang zu einer effektiven, multipotenten »östlichen« Technik, die uns »im Westen« Heilung und Hilfe bietet.

Aber das ist eben nur eine Geschichte. Eine eingängige und wirkmächtige zwar, aber deswegen eine nicht minder erfundene. Ich möchte in diesem Kapitel eine Gegen-Geschichte erzählen. In dieser erscheint »Achtsamkeit« nicht als eine uralte, quasi der Zeit enthobene Praxis, sondern als eine ganz und gar moderne. Achtsamkeit wurde nicht *entdeckt*, sondern *gemacht*, nicht *importiert*, sondern mit der Moderne aufs Engste *verflochten*.

Diese Verflechtung möchte ich anhand einer dreifachen Herausforderung analysieren, mit der sich die Protagonist:innen der Achtsamkeit bei der Popularisierung konfrontiert sahen. Die dreifache Herausforderung besteht zunächst aus zwei Vorbehalten:

1. *Der religiöse Vorbehalt.* Bei der Meditation handelt es sich um eine genuin religiöse oder gar esoterische Praxis, die im Widerspruch zum wissenschaftlichen Weltbild steht.
2. *Der asketische Vorbehalt.* Meditation basiert auf einer weltabgewandten und asketischen Haltung und steht damit konträr zum konsumistischen und arbeitsamen westlichen Lebensstil.

Der Versuch, diese beiden Vorbehalte zu entkräften, führt zur dritten Herausforderung, die einem Kunststück gleicht:

3. *Das Kunststück.* Achtsamkeit bietet ungeachtet dessen weiterhin ein mehr oder weniger umfassendes Sinnangebot und kann weiterhin diese seltsame Faszination, von der oben die Rede war, anzapfen.

Damit die (vormals) buddhistische Meditationspraxis derart popularisieren konnte, musste der religiöse und der asketische Vorbehalt entkräftet und das sinngebende Kunststück vollbracht werden. Das ist zumindest die These, die ich in diesem Kapitel ausführen möchte. Nicht alle Protagonist:innen meisterten diese dreifache Herausforderung vollends. Wir werden sehen, wie die Achtsamkeitstypen, die ich im letzten Kapitel unterschieden habe, ganz unterschiedlich mit dieser dreifachen Herausforderung umgehen.

Bevor ich zeige, wie geschickt Achtsamkeit in die moderne Kultur eingeflochten wurde, möchte ich eine Unterscheidung problematisieren, die der »Geschichte der Entdeckung« unterschwellig zugrunde liegt: die Unterscheidung zwischen »Ost« und »West«.

Eine Vorgeschichte, die andauert

»Ost« und »West«

Als ich zur Vorbereitung dieses Kapitels durch mein Bücherregal stöberte, sprang mir ein Buch ins Auge, das ich schon lange nicht mehr in der Hand hatte: *Der Mönch und der Philosoph.* Es ist ein Dialog zwischen dem bekannten tibetischen Mönch und Vertrauten des Dalai Lama Matthieu Ricard und seinem Vater, dem Philosophen Jean-François Revel. Laut Klappentext geht es um eine »Begegnung von östlichen Lebensweisheiten und westlichem Denken«.[4] Dem »Osten« wird hier ganz nonchalant die Weisheit, dem »Westen« das Denken zugeschrieben – und damit zugleich und unter der Hand das jeweils andere tendenziell abgesprochen.

Es sind solche Konstruktionen, die seit dem bahnbrechenden Werk des Literaturwissenschaftlers Edward W. Saids einen Namen haben: Orientalismus.[5] Mit diesem Begriff analysiert Said und viele Denker:innen in den sogenannten *postcolonial studies* nach ihm, wie europäische Wissenschaftler:innen, Literat:innen oder Reisende vorrangig im 19. Jahrhundert in ihren Berichten ein wirkmächtiges Bild vom Orient schufen, ein Bild der kolonialen Herrscher, das die Machtverhältnisse reproduzierte und festigte. Der Orient wurde zu einem »Anderen« stilisiert – in vermeintlicher Differenz zum »Eigenen«. Gerade durch die Abgrenzung von einem imaginierten, diskursiv geschaffenen »Osten«, so der Clou dieser Perspektive, entsteht erst die Identität des »Westens«.

Dabei sind die Kategorien »West« und »Ost« nichts Natürliches, Geografisches oder historisch Invariantes. Beispielsweise spricht Marco Polo (1254–1324) in seinen Berichten noch von »Latainern« und nicht vom »Westen« oder von »Europa«. Der geografische Begriff wurde erst in der Neuzeit kulturell aufgeladen. Der Philosophiehistoriker Dag Nikolaus Hasse bringt das in seinem Essay zum Thema »Europa« auf den Punkt: Die »Orientalisierung des Orients« geht mit einer »Europäisierung Europas« einher.[6]

Zwei Aspekte sind für uns hier ganz entscheidend: Erstens darf die Konstruktion eines »Anderen« nicht mit einer plumpen Abwertung verwechselt werden. Das zeigt sich beispielsweise an der Orient-Faszination des 17. Jahrhunderts, wie zum Beispiel in der Malerei Rembrandts deutlich wird.[7] Vor allem der Buddhismus erscheint manchen Intellektuellen in Europa Ende des 19. Jahrhunderts als ein in das »östliche Andere« projizierter Heilsbringer. Im Buddhismus ließe sich, so die Vorstellung, eine dem Westen verborgene Weisheit heben.[8] Arthur Schopenhauer hat, wie Friedrich Nietzsche, buddhistische Texte wohlwollend rezipiert. Und Richard Wagner war so begeistert, dass er dem Buddha gar eine eigene Oper (*Die Sieger*) widmen wollte.

Zweitens darf der Orientalismus nicht missverstanden werden als ein Prozess, der nur »westliche« Akteure kennt. Denn das ist historisch unhaltbar und würde den »Osten« unter der Hand in eine rein inaktive Rolle drängen – und damit die orientalistischen Kategorien des »passiven Ostens« und des »aktiven Westens« fortschreiben. Im letzten Kapitel habe ich auf die südostasiatische Reformbewegung hingewiesen – und damit auf eine äußert wirkmächtige »östliche« Modellierung des Buddhismus für die Rezeption im »Westen«. Häufig versuchten die Reformer, einen Buddhismus zu präsentieren, der sogar dem »wissenschaftlichen Westen« überlegen war.

Als herausragendes Beispiel für diesen auch als »umgekehrten Orientalismus« bezeichneten Prozess kann Daisetz T. Suzuki (1870–1966) gelten. Suzuki lebte in »Ost« und »West«, verkehrte in intellektuellen Zirkeln und verhalf dem japanischen Zen-Buddhismus durch zahlreiche Veröffentlichungen zu einem neuen Grad an Bekanntheit. Er präsentierte das Zen als eine Geisteshaltung, die dem in Widersprüchen gefangenen Westen Abhilfe bieten könne. Trotz dieser »Umkehrung« blieb er der orientalistischen Dichotomie verhaftet – und stellte den »Osten« radikal dem »Westen« entgegen. So sei der »Osten« etwa »synthetisch«, »intuitiv« und »geistig individualistisch«, während er den »Westen« als »analytisch«, »differenzierend«, »individualistisch« und »Macht ausübend« beschreibt.[9]

Die Geschichte der Entdeckung der Achtsamkeit basiert auf dieser orientalistischen Konstruktion von »Ost« und »West«. Mit meiner »Gegen-Geschichte« versuche ich, eine Fortschreibung dieser Konstruktion zu vermeiden. Ich spreche deshalb bei der modernen Achtsamkeit ganz bewusst nicht von einer »Erfindung« oder einem »Produkt des Westens«. Sie ist vielmehr das Resultat eines eng verflochtenen Austauschs zwischen »Ost« und »West« unter den Bedingungen der modernen und sich globalisierenden Welt.[10]

Eine rationale Religion?

Einige Zeit nach dem Retreat, das ich 2014 besucht hatte, sah ich auf Facebook ein Foto. Der Mönch, mein Lehrer, saß vor einem MRT, der kahle Kopf mit zahlreichen Elektroden gespickt. Er nahm an einer Untersuchung teil, die den Effekten von Meditation auf das Gehirn nachging. Mich verwunderte das zunächst nicht. Buddhistische Mönche in MRT-Röhren oder mit Elektroden für ein EEG – das ist kein ungewöhnliches Bild mehr. Der Mönch Matthieu Ricard beispielsweise wurde nach einer solchen Studie in der Zeitung *The Independent* als »glücklichster Mensch der Welt« bezeichnet – eine Behauptung, die in der

Achtsamkeitsbewegung so gerne aufgegriffen, wie sie von Ricard selbst zurückgewiesen wird.[11]

Und doch: Eigentlich ist dieser Umstand mehr als verwunderlich. Wie kann es sein, dass dem »Religiösen« traditionell eher skeptisch gegenüberstehende Wissenschaften wie die Psychologie oder Neurowissenschaft ein so reges Interesse an buddhistischen Meditationspraktiken entwickelt haben? Man stelle sich nur mal vor, anstelle des buddhistischen Mönchs wäre ein christlicher abgebildet worden und die christlichen Gebetspraktiken würden ebenso euphorisch untersucht wie die buddhistischen. Nicht ganz leicht, oder?

Verständlich wird diese seltsame Liaison durch einen Blick in die Geschichte. Denn spätestens Ende des 19. Jahrhunderts begann ein Flirt zwischen Wissenschaft und Buddhismus und damit der Versuch, den oben genannten religiösen Vorbehalt zu entkräften.

Als Beispiel kann der singhalesische Gelehrte Anagarika Dharmapala (1864–1933) dienen, einer der einflussreichsten Vertreter der südostasiatischen Reformbewegung. Ausgehend von der Überzeugung, dass der christliche Glaube nicht mit den Naturwissenschaften vereinbar sei, modellierte er einen »wissenschaftlichen Buddhismus«.[12] Dieser komme nicht nur ohne Schöpfergott aus, sondern stehe im Einklang mit dem mechanistisch-kausalistischen Weltbild der westlichen Wissenschaften seiner Zeit. Sogar mit der von Darwin entwickelten Evolutionstheorie sei der Buddhismus vereinbar. Buddha habe, so lässt sich das Argument von Dharmapala zusammenfassen, die jüngsten Errungenschaften der Kolonialmächte bereits vor 2500 Jahren vorweggenommen.[13]

Diese Position vertrat Dharmapala auch beim *Ersten Parlament der Weltreligionen* 1893 in Chicago – ein Ereignis, das vielleicht wie kein anderes in der Religionsgeschichte für eine sich globalisierende Welt steht. An diesem Kongress nahm auch der deutschstämmige und in die USA emigrierte Religionsphilosoph Paul Carus teil. Carus, der sich seit 1880 als Buddhist verstand, arbeitete an einer universell gültigen, mit der Wissenschaft zu vereinbarenden »rationalen Religion« – und der Buddhismus galt ihm dafür als entscheidender Meilenstein.[14]

Die Auseinandersetzung zwischen Wissenschaft und Buddhismus reflektierte in der Folge die sich verändernden wissenschaftlichen Paradigmen. Stand, wie diese beiden Beispiele zeigen, zunächst das mechanistische Weltbild und die rationalistische Philosophie im Vordergrund, so war es wenige Jahrzehnte später die Relativitätstheorie Einsteins und seit den 60er-Jahren das kognitionswissenschaftliche Paradigma.[15] Besonders Tenzin Gyatso, bekannt als der 14. Dalai Lama, trieb diesen Austausch in den letzten Jahren voran, unter anderem mit dem Mind and Life Institute. Dass sich die empirische Psychologie und die Neurowissenschaften relativ vorbehaltlos der Beforschung von buddhistischer Meditation und Achtsamkeit zuwendeten, ist lediglich das jüngste Kapitel einer bereits längeren Geschichte.

Der Buddhismus konnte allerdings nur aufgrund zweier ganz entscheidender Strategien als eine rationalitäts- und wissenschaftsaffine Religion erscheinen: der *selektiven Rezeption* und der *Verinnerlichung*. Die Achtsamkeitsbewegung stellt, wie wir sehen werden, gerade eine radikalisierte Version dieses durch selektive Rezeption und Verinnerlichung entstandenen »buddhistischen Modernismus« dar.[16]

Selektive Rezeption

Der Versuch, den Buddhismus Ende des 19. Jahrhunderts als rationale Religion zu präsentieren, stand vor einer großen Herausforderung: der Empirie. Denn die Praxis des Buddhismus bestand, wie ich schon schrieb, aus zahlreichen Ritualen, Buddhaverehrungen und so weiter. Und in den religiösen Texten findet sich beispielsweise eine buddhistische Kosmologie mit Geistern und Gottheiten, die sich nicht ohne Weiteres mit dem Anspruch einer genuin rationalen Religion vereinbaren lässt.

So kam Hermann Hesse 1911 enttäuscht von seiner Reise nach Indien und Sri Lanka (Ceylon) zurück: Er habe vor Ort nur einen degenerierten Buddhismus erlebt.[17] Hesse war vermutlich mit einem Bild über den Buddhismus nach Südostasien gereist, das Orientalisten und Buddhologen zuvor geschaffen und verbreitet hatten. Und dieses basierte auf einer Selektion ganz bestimmter Texte aus dem Pali-Kanon, also den Schriften, auf die sich der vor allem in Südostasien verbreitete Theravada-Buddhismus bezieht. Eine dieser prominent rezipierten Quellen war der *Abhidhamma*, eine eher psychologisch-philosophische Abhandlung des Pali-Kanons. Es ist ein Werk, das auch in der Achtsamkeitsbewegung gerne zitiert wird, vor allem in Büchern zur *vipassana*-Meditation.

Im Zuge einer solchen selektiven Selektion wurden bestimmte Bücher oder Passagen zum »Kern der Lehre« erklärt, die für eine rational-wissenschaftliche Interpretation des Buddhismus anschlussfähig waren. Andere Texte hingegen galten als kulturell übergestülptes »Beiwerk«.[18]

In der Achtsamkeitsbewegung taucht diese Strategie beispielsweise dort auf, wo statt von Buddhismus von »dharma« (Sanskrit; Pali: *damma*) gesprochen wird.[19] »Dharma« bezieht sich neben anderen Bedeutungen sowohl auf die Lehre des Buddha (»Buddha-Dharma«) als auch auf Beschreibung der universell gültigen Realität, etwa der im letzten Kapitel ausgeführten »Drei Merkmale« (Unbeständigkeit, Leidhaftigkeit, Nicht-Selbstheit). Es gehe um den »harten Kern der Lehre«, nicht um rituelle Artefakte. Dass jener »Kern« das Ergebnis eines historischen Rezeptionsprozesses ist und dass er sich nur durch das Wiederholen als solcher etabliert – das bleibt ungesagt.

Verinnerlichung

Neben der Strategie selektiver Rezeption tritt die zweite Strategie der Verinnerlichung – ein für die Religionen in der modernen Welt sehr charakteristischer Prozess. Mit Verinnerlichung ist zum einen gemeint, dass das Religiöse vermehrt mit einer inneren, privaten, spirituellen Erfahrung identifiziert wird statt mit dem (bloßen) Befolgen von Ritualen oder der Anerkennung von »äußeren« Autoritäten. Und auch hier versuchten buddhistische Gelehrte, gerade den Buddhismus als besonders »innerliche« Religion zu präsentieren. So schreibt der Walpola Rahula (1907–1997), ein einflussreicher Gelehrter in der Tradition der buddhistischen Reformbewegung, es gehe im Buddhismus nicht um einen »Glauben« wie im Christentum, sondern vielmehr um ein »Kommen und Sehen«. Die Überzeugungskraft des Buddhismus liege gerade darin, dass jede Person die Lehre durch meditative Praxis für sich validieren könne.[20]

Zum anderen meint Verinnerlichung die psychologische Deutung überweltlicher Aspekte. In den Texten des Reformers Mahasi Sayadaw – in dessen Tradition saß ich damals im Retreat – wird ebenfalls noch die gesamte *vipassana*-Meditation gerahmt durch eine buddhistische Kosmologie, die die Lehre von den »Sechs Daseinsbereichen« oder »Reichen der Wiedergeburt« umfasst. Das bedeutet, dass bei einem moralisch verwerflichen Leben die Wiedergeburt in einer »elenden Existenz wie der Hölle, dem Bereich der Tiere oder der Hungergeister (Pali: *peta*)« drohe.[21] Diese fast schon als Androhung zu verstehende Aussage blieb mir zum Glück erspart. Wenn populärere Formen der Achtsamkeit auf die Lehre der Daseinsbereiche anspielen, dann wird sie nicht mehr metaphysisch gedeutet, sondern als Metapher *psychologischer* Zustände. Die Daseinsbereiche erscheinen dann, wie bei Jack Kornfield zu lesen ist, als »mythische und poetische Beschreibungen der menschlichen Erfahrung [in diesem Leben]«.[22] Dieser zweite Aspekt der Verinnerlichung lässt sich mit einer prägnanten Formel der Religionssoziologen Peter Berger und Thomas Luckmann zusammenfassen: »Cosmology becomes psychology«, aus der Kosmologie wird Psychologie.[23]

Der Versuch, den religiösen Vorbehalt zu entkräften, reicht weit zurück und ist, so hoffe ich verständlich gemacht zu haben, äußerst voraussetzungsvoll. Die Achtsamkeitsbewegung schreibt diese Geschichte fort – und variiert sie, wie ich nun zeigen möchte.

Forschende auf Kissen

Der Versuch, das buddhistische Denken mit dem wissenschaftlichen Weltbild zu versöhnen, ist die eine Seite. Die andere geht sogar noch darüber hinaus: Es ist der Versuch, die Meditation selbst als eine Art Wissenschaft zu konzeptualisieren. Und hier kommt der erste herausgearbeitete Achtsamkeitstyp ins Spiel: die distanziert-sezierende Achtsamkeit, wie sie vor allem in der *vipassana*-Meditation vorzufinden ist.

Ein Zitat des Mönches Nyanaponika macht dies besonders deutlich. In seinem Buch *Geistestraining durch Achtsamkeit* (engl.: *The Heart of Buddhist Meditation*) schreibt er:

> Dieser … Dienst des Reinen Beobachtens an der Erkenntnis des eigenen Geistes und der Dingwelt deckt sich mit der Haltung des echten Forschers und Wissenschaftlers: klare Bestimmung des Gegenstandes und der Begriffe, Ausschaltung oder doch Reduzierung des subjektiven Faktors, wache Aufnahmebereitschaft für die aus den Dingen selber kommende Belehrung, Zurückstellung des eigenen Urteils bis nach sorgfältiger und allseitiger Prüfung. Dieser echte Forschergeist, der sich in der Grundhaltung des Reinen Beobachtens manifestiert, wird die Buddha-Lehre stets dem Geiste wahrer Wissenschaft verbinden, wenn auch nicht notwendig jedem ihrer ja stets nur provisorischen Ergebnisse.[24]

Achtsamkeit wird von Nyanaponika als »reine Beobachtung« oder im Englischen als »bare attention« bezeichnet. Schon allein dadurch verbindet er sie sowohl mit dem vermeintlich ungetrübten wissenschaftlichen Blick als auch mit dem psychologischen Begriff der Aufmerksamkeit. Achtsamkeit kann als etwas erscheinen, dem nichts Esoterisches oder Exotisches anhaftet. Vielmehr kommt sie als eine wissenschaftliche Methode daher, in der es darum geht, die Subjektivität zu minimieren und eine allgemein zugängliche Objektivität zu enthüllen.

In dem Zitat findet sich außerdem und etwas subtiler das Moment des »umgekehrten Orientalismus«. Denn für Nyanaponika ist die uralte Methode der Achtsamkeit Ausdruck des

»echten Forschergeistes«. Wissenschaftliche und philosophische Fehler lassen sich gerade durch die Unfähigkeit, wirklich achtsam zu sein, erklären.[25] Die alte Lehre des Buddha korrespondiert somit in den Augen Nyanaponikas nicht nur mit der modernen Wissenschaft. Sie ist die grundlegendste Bedingung ihrer Qualität. Diese Überlegenheit oder Vorrangigkeit wird ebenso bei Goenka deutlich. Er erklärt seine Methode zur »reinen Wissenschaft« und geht sogar so weit, den Buddha zum Idealbild eines Wissenschaftlers zu erheben.[26]

Das ist eine ziemlich bemerkenswerte, fast ungeheure Aussage! Zwar wurde Ende des 19. Jahrhunderts die Innenschau oder die *Introspektion* in der Psychologie als wissenschaftliche Methode diskutiert – aber nicht mehr Ende des 20. Jahrhunderts. Das mag man bedauern oder nicht – tatsächlich gibt es wieder Versuche, die Innenperspektive vermehrt in die empirische Forschung einzubeziehen.[27] Ich sehe darin aber vor allem, und darum geht es mir hier, eine Strategie, den religiösen Vorbehalt zu entkräften. Sich auf das Kissen zu setzen, die Augen zu schließen und die eigene Sinneswelt distanziert zu sezieren – all das soll als eine ziemlich rationale Angelegenheit erscheinen.

Aber die Sache hat einen Haken. Wie soll aus der »reinen Beobachtung« ein ethisches Programm abzuleiten sein? Was hat, anders gesagt, die »reine Beobachtung« mit der Forderung nach Selbstvervollkommnung und Erlösung zu tun, um die es beim distanziert-sezierenden Achtsamkeitstyp geht?

Nyanaponika sieht dieses Problem. Deshalb unterscheidet er auch drei Funktionen der Achtsamkeit: die Erkenntnis, die Formung und die Befreiung des Geistes. Die »Wissenschaftlichkeit« der Meditation bezieht sich nur auf die erste, die Hervorbringung von Wissen. Das Zitat geht dann wie folgt weiter:

> Doch die Zwecke der Buddha-Lehre wie auch des Reinen Beobachtens sind nicht die der Wissenschaft und beschränken sich auch nicht auf die rein theoretische Erkenntnis des Geistes und seiner Inhalte. Sie richten sich vielmehr auf die Geistes- und Lebens-*Formung*.[28]

Die zweite Funktion der Achtsamkeit bezieht sich also auf die moralische Selbstvervollkommnung. Mit der dritten Funktion wird der Versuch, Achtsamkeit mit Wissenschaft zu versöhnen, gänzlich gesprengt: die Befreiung des Geistes. Das deutete sich, wenn wir uns noch mal an das Zitat oben erinnern, bereits im letzten Satz an: Nyanaponika unterscheidet beiläufig zwischen dem »Wahren« und dem »Provisorischen«. Ihm wie Goenka geht es nicht um eine sich stetig weiterentwickelnde theoriegeleitete, sich falsifizierende Wissenschaft, sondern um eine Achtsamkeit, die Einsicht (Pali: *vipassana*) vorbereitet. Und diese Einsicht bezieht sich, wie im vorigen Kapitel ausgeführt, auf die buddhistische Auffassung der Wirklichkeit (Unbeständigkeit, Leidhaftigkeit, Nicht-Selbst). Das stellt die »innere Wissenschaft« in den Dienst der Bestätigung der durch Buddha entdeckten Realität (Pali: *dhamma*). Die durch Einsicht gewonnene Erlösung, das Erlöschen des Leidens (Pali: *nibbana*; Sanskrit: *nirvana*), steht damit auf einem außerweltlichen Fundament.

Zusammengefasst gelingt es diesem ersten Achtsamkeitstyp nur bedingt, die beiden Vorbehalte zu entkräften, die ich für die Popularisierung der Achtsamkeit als entscheidend betrachte. Die Protagonist:innen arbeiten sich zwar an dem religiösen Vorbehalt ab, aber ihre »Wissenschaftlichkeit« überzeugt nur auf den ersten Blick. Und mit dem asketischen Vorbehalt sieht es nicht besser aus: Weil sie die distanzierte Haltung und die Vergänglichkeit der Welt betonen, bleibt der Vorwurf der Weltabgewandtheit bestehen. Es ergibt nur Sinn, sich dieser Praxis hinzugeben, wenn man an die Erlösung und damit an die Möglichkeit einer Überwindung dieser Welt glaubt.

Für die Popularisierung der Achtsamkeit ist der distanziert-sezierende Achtsamkeitstyp nur ein erster Schritt. Der entscheidende Meilenstein für den Achtsamkeitsboom war jedoch, wie ich nun zeigen möchte, Jon Kabat-Zinn und seine Formung einer *interessiert-sorgenden Achtsamkeit*.

Jon Kabat-Zinns Achtsamkeit als Meilenstein

Jon Kabat-Zinn, das bekannteste Gesicht der Achtsamkeitsbewegung, steht wie kein anderer für den Versuch, Achtsamkeit in das wissenschaftliche Feld einzuführen. Dafür treibt er viele der bisher aufgezeigten Prozesse weiter – aber nicht alle. Er versucht nicht wie Nyanaponika oder Goenka, die Haltung der Achtsamkeit selbst als genuin wissenschaftliche zu bestimmen. Auch deshalb zähle ich ihn zum zweiten Typ, der *interessiert-sorgenden* und nicht der *distanziert-sezierenden Achtsamkeit*. Wie ist es ihm trotzdem gelungen, die drei Herausforderungen des religiösen und asketischen Vorbehalts sowie das Kunststück der Sinnstiftung zu meistern?

Von Begriffen und Effekten

Kabat-Zinns Einführung der Achtsamkeit in das wissenschaftliche Feld ist deutlich umfassender als zuvor versucht – und komplexer. Auch er beginnt mit dem, was an die frühen Versuche erinnert, buddhistisches Denken mit dem wissenschaftlichen

Weltbild zu versöhnen: eine wohlüberlegte und selektive Übersetzungsarbeit. Diese nimmt Kabat-Zinn vor allem in seinem ersten, umfangreichen Buch *Full Catastrophe Living* vor. Dieses Buch, im Deutschen deutlich unpoetischer als *Gesund durch Meditation* übersetzt, ist eine Art Handbuch zu dem von ihm entwickelten Kurs *Mindfulness-Based Stress Reduction*.

Drei Beispiele sollen illustrieren, wie geschickt Kabat-Zinn ganz spezifische Aspekte der buddhistischen Meditation übernimmt und in eine für das wissenschaftliche System anschlussfähige Sprache übersetzt:

1. »*Achtsamkeit*«. Für Kabat-Zinn ist, ähnlich zu Nyanaponika, Achtsamkeit eine Form der Aufmerksamkeit, »eine bestimmte Art aufmerksam zu sein: bewußt [on purpose], im gegenwärtigen Augenblick [present moment] und ohne zu urteilen [non-judgmentally]«.[29] Er entwickelte dafür eine frühere Definition weiter, unter Verweis auf den bekannten Vorreiter der Meditationsforschung Daniel Goleman, mittlerweile vor allem bekannt durch seinen Bestseller zur Emotionalen Intelligenz.[30] Die Bestimmung der Achtsamkeit als eine Form der Aufmerksamkeit ermöglichte den Anschluss an das mittlerweile dominierende kognitionswissenschaftliche Paradigma. Mit Erfolg: Kabat-Zinns Definition zählt zu den meistverwendeten Definitionen der Achtsamkeit – in und außerhalb des wissenschaftlichen Feldes.
2. »*Stress*«. Der Stressbegriff nimmt bei Kabat-Zinn eine zentrale Stellung ein, wie schon im Titel seines Programms *Mindfulness-Based Stress Reduction* deutlich wird. Damit schreibt er sein Programm nicht nur in den Stress-Diskurs ein, der seit den 30er-Jahren und vor allem seit den 70er-Jahren in westlichen Gesellschaften omnipräsent ist.[31] Der Begriff er-

möglicht es ihm, Achtsamkeit mithilfe der in Biologie und Psychologie einflussreichen Stresstheorie theoretisch zu verankern.[32] Besonders interessant für die Frage der Übersetzung ist, dass »Stress« im Englischen ebenso eine Übersetzung des buddhistischen *dukkha*, des Leidens, ist. Weil er den Begriff »Stress« in anderen Büchern kaum verwendet und ihn sehr breit und fundamental auslegt, lässt sich dies als eine strategische Übersetzung verstehen. Daraus erklärt sich ein seltsamer Widerspruch bei Kabat-Zinn: Sein Programm verspricht zwar Stressreduktion, aber den Anspruch der Reduktion relativiert er immer wieder, da Stress eine fundamentale Bedingung des Lebens sei – wie eben das buddhistische *dukkha*.[33]

3. *»Akzeptanz«*. Kabat-Zinn verwendet in seinen Büchern weder *vipassana* noch »Einsicht« spezifisch oder systematisch. Allerdings definiert er kurioserweise den ebenfalls in der Psychotherapie anschlussfähigen Begriff »Akzeptanz« genau in diesem Sinne: »die Dinge so zu sehen, wie sie sind« – und damit wortwörtlich so, wie »Einsicht« im Kontext der *vipassana*-Meditation verstanden wird. So lesen wir an einer Stelle – und ich muss das englische Original zitieren, weil die Passage im Deutschen ungenau übersetzt ist: »Acceptance means *seeing things as they actually are* in the present.«[34]

Diese Beispiele zeigen, wie geschickt Kabat-Zinn die Achtsamkeitsmeditation in das wissenschaftlich-psychotherapeutische Feld einschleust. Und sie zeigen, dass Übersetzungen keine Einbahnstraße sind. Ja, auf der einen Seite psychologisiert Kabat-Zinn Achtsamkeit. Aber es gilt auch umgekehrt: Indem er die Begriffe in eine psychologische Sprache übersetzt, deutet er sie um. Beides geschieht zugleich: die Psychologisierung der Achtsamkeit und die Verachtsamung der Psychologie.[35]

Im Versuch, den religiösen Vorbehalt zu entkräften, ist die Übersetzungsarbeit ins wissenschaftliche Paradigma das eine zentrale Moment. Das zweite ist nun, die Achtsamkeit wissenschaftlich zu erforschen. Und da unterscheidet sich Kabat-Zinns Strategie grundsätzlich von der im vorigen Kapitel ausgeführten Form: Kabat-Zinn versucht nicht, die achtsame Haltung als einen wissenschaftlichen »Blick« zu konzeptualisieren, wie es etwa Nyanaponika oder Goenka tun. Das würde, wie wir im letzten Kapitel gesehen haben, der interessiert-sorgenden Qualität der Achtsamkeit widersprechen. Kabat-Zinn bewegt sich in einer Community empirischer Wissenschaftler:innen, die sich seit den 70er-Jahren mit Enthusiasmus auf Meditation im Allgemeinen und die Achtsamkeitsmeditation im Besonderen stürzen. Er ist mit seinem wissenschaftlichen Zugriff auf die Achtsamkeit keineswegs allein, aber derjenige, dessen Studien innerhalb der Achtsamkeitsbewegung am meisten rezipiert werden.

Die empirische Erforschung der Achtsamkeit interessiert sich nicht primär für die Theorie der Achtsamkeit, sondern für die »Effektivität von Meditation«, wie es in Kabat-Zinns erster Publikation von 1982 heißt. Kabat-Zinn führt zahlreiche positive Effekte an, beispielsweise fürs Gedächtnis, für die Emotionsregulierung oder für das Selbstbewusstsein. Ich hatte im letzten Kapitel bereits geschrieben, dass es vermehrt kritische Stimmen der Achtsamkeitsforschung gegenüber gibt – weil die meisten Wissenschaftler:innen selbst Achtsamkeit praktizieren oder weil systematisch negative Effekte der Meditation unterrepräsentiert sind.[36]

Mich interessiert aber nicht so sehr, wie valide die Ergebnisse im Einzelnen sind oder wie überzeugend die Übersetzungsarbeit ist. Die Beispiele sollten zeigen, wie sich das Bild der Achtsamkeit verändert hat, hin zu einer Praxis, die als »wissenschaftlich belegt« und völlig säkular daherkommt.

Für diese Deutung spricht, dass Kabat-Zinn in der ersten Ausgabe seines ersten Buchs ganz bewusst darauf verzichtet hat, buddhistische Quellen der Achtsamkeit zu nennen. In der überarbeiten Neuausgabe schreibt er: Sein Programm *Mindfulness-Based Stress Reduction* (MBSR) sei der Versuch gewesen, die »befreiende Perspektive des Dharma« durch die Verwendung einer einfachen und verständlichen Sprache für die Breite der amerikanischen Bevölkerung und für das Gesundheitssystem anschlussfähig zu machen.[37] Kabat-Zinns Strategie ist aufgegangen. Ihm ist es gelungen, den religiösen Vorbehalt zu entkräften. Einer Skepsis, die sich an religiösen oder spirituellen Praktiken entzünden könnte, dürften er und andere MBSR-Lehrende entspannt begegnen – immer mit dem Verweis auf die psychologisch anschlussfähigen Konzepte und auf die Vielzahl wissenschaftlicher Ergebnisse zu den gesundheitsfördernden Effekten.

Eine seltsam vertraute Achtsamkeit

In seinem zweiten Buch *Wherever You Go, There You Are* (dt.: *Im Alltag Ruhe finden*) versucht Kabat-Zinn, Achtsamkeit auch außerhalb des wissenschaftlichen, medizinischen Kontexts anschlussfähig und einem noch breiteren Publikum zugänglich zu machen. Hier legt er die buddhistischen Spuren in Teilen offen, versucht aber, Achtsamkeit als etwas der amerikanischen Kultur Eigenes oder zumindest Bekanntes vorzustellen.

Idealtypisch hierfür steht Kabat-Zinns Rezeption von Henry David Thoreau (1817–1862) – einer ebenso bekannten wie schillernden amerikanischen Figur. Manche sehen in Thoreau bis heute ein Vorbild für ein gutes Leben oder einen Vorreiter der Friedens- und Ökobewegung. Manche halten ihn für einen genialen Schriftsteller der amerikanischen Romantik. Wieder andere können mit ihm wenig anfangen: zu preachy, zu belehrend, zu radikal, zu wenig Deckung zwischen Wort und Tat. Wie dem auch sei: Thoreau und sein bekanntestes Buch *Walden*, das seine Auszeit, wie man heute sagen würde, in einer kleinen Hütte am *Walden Pond* in der Nähe von Concord, Massachusetts, literarisch verarbeitet, ist Teil des US-amerikanischen kulturellen Gedächtnisses.[38]

Kabat-Zinn präsentiert Thoreau vor allem als eines: einen frühen amerikanischen Pionier der Achtsamkeit. In *Wherever You Go, There You Are* führt er ihn immer wieder an – er erklärt Thoreaus »Lebensexperiment« am *Walden Pond* sogar ganz ungeniert zu einem »Experiment der Achtsamkeit« –, obwohl Thoreau damals genauso wenig von Achtsamkeitsmeditation wusste wie der Rest des »Westens«.[39] Auch einen seiner Zentralbegriffe »non doing« (im Vergleich zum von ihm problematisierten *doing-mode*) entwickelt er unter Bezug auf Thoreau.[40]

Gleichzeitig grenzt sich Kabat-Zinn von Thoreau ab. Denn eines will er ganz ausdrücklich nicht durch seine Rezeption implizieren: dass es für das gelingende Leben notwendig wäre, dem gewöhnlichen Leben zu entfliehen, wie es Thoreau für zwei Jahre in seiner kleinen Hütte am See vermeintlich tat. Gegen diesen »thoreauschen Eskapismus« – der selbst mehr Legende als historisch oder literarisch zu halten ist – schreibt Kabat-Zinn: »Doch niemand muß sein Alltagsleben hinter sich lassen [im Original: *to go out of your way*] und sich an einen besonderen Ort begeben, um Achtsamkeit zu üben. Es genügt, sich ein wenig Zeit für die Stille und für das zu nehmen, was wir Nicht-Tun nennen, und sich dann auf den Atem einstimmen.«[41]

Die Rezeption Thoreaus ist deshalb ein illustratives Beispiel dafür, wie sehr sich Kabat-Zinn nicht nur am religiösen, sondern auch am asketischen Vorbehalt, dem Vorwurf der Weltabgewandtheit, abarbeitet. Achtsamkeit erscheint bei ihm als etwas, das seinen Ort im Alltag hat. Es ist diese Betonung des Alltags, die ich neben der qualitativ anderen Haltung als elementares Moment der *interessiert-sorgenden Achtsamkeit* bestimmt hatte. Während die Autoren der *distanziert-sezierenden Achtsamkeit* mit ihrem Imperativ *Vervollkommne dich und sieh die Welt, wie sie ist, und du wirst erlöst werden* den asketischen Vorbehalt nicht aufzulösen imstande sind, lässt sich die *interessiert-sorgende Achtsamkeit* als Reaktion auf diese zweite Herausforderung deuten. Denn der moralische Imperativ dieses zweiten Achtsamkeitstyps *Fühle und frage nach dem Besonderen und du wirst das eigentliche Leben spüren* zielt genau darauf: Achtsamkeit mitten im alltäglichen Leben zu verankern.

Darüber hinaus stellt Kabat-Zinn mit seiner Rezeption Thoreaus Achtsamkeit als etwas der amerikanischen Kultur Vertrautes dar. Dies konnte ihm, wie ich an dieser Stelle kurz anmerken möchte, letztendlich nur gelingen, weil wir vor allem seit den 50er-Jahren ohnehin eine wachsende Popularität der Meditation beobachten können. Dieser kulturelle Wandel wurde nicht zuletzt vorangetrieben von Künstler:innen, Schriftsteller:innen und Prominenten, die buddhistische Meditation rezipierten, verarbeiteten und damit dazu beitrugen, dass Meditation und Achtsamkeit nach und nach als etwas »Normales« empfunden werden konnten. Beispiele hierfür sind die Beat-Autoren um Jack Kerouac, Gary Snyder oder Allen Ginsberg, die sich intensiv mit dem Buddhismus auseinandersetzten. Oder die *Beatles* mit ihrer Indienreise 1968 und ihrem Interesse an der Transzendentalen Meditation. Oder die erfolgreichen Filme der 90er-

Jahre wie Bernardo Bertoluccis *Little Buddha*, Jean-Jacques Annauds *Sieben Jahre in Tibet* oder Martin Scorseses *Kundun*. Zu nennen sind hier auch bekannte Persönlichkeiten oder »Stars«, die Meditation und Achtsamkeit üben, wie Oprah Winfrey, Richard Gere oder Hugh Jackman. Ohne diese (pop)kulturelle Verarbeitung und ohne solche »Influencer:innen« wäre wohl auch das Projekt von Kabat-Zinn kaum von diesem Erfolg gekrönt gewesen.

Die Quadratur des Kreises: die Wiederverzauberung der Achtsamkeit

Kabat-Zinns Formung der Achtsamkeit, so können wir als Zwischenfazit festhalten, ist deshalb ein Meilenstein für die Popularisierung der Achtsamkeit, weil er sie erfolgreich gegen die beiden Vorbehalte, den religiösen und den asketischen, verteidigen konnte. Wie aber ist es um die dritte Herausforderung, das Kunststück der Sinngebung, bestellt? Wie kann er trotz dieser verwissenschaftlichten und veralltäglichten Achtsamkeit eine umfassende Sinnstiftung behaupten?

Meine These lautet: Kabat-Zinn ist nicht nur ein Wissenschaftler, sondern auch ein Romantiker. Diese Behauptung mag abstrus erscheinen – wäre sie mir zumindest noch vor ein paar Jahren. Die Romantik war für mich erstens eine Literaturepoche um 1800 und zweitens schon ziemlich vergangen. Eine Fehleinschätzung, wie ich feststellen musste, als ich an einem wissenschaftlichen Kolleg arbeitete, das sich hauptsächlich mit dem Thema Romantik beschäftigte. Die umfangreiche Rezeption von Henry David Thoreau wäre eigentlich Hinweis genug gewesen, denn er gehört als Vertreter des Transzendentalismus zur amerikanischen Romantik …

Warum also bin ich jetzt davon überzeugt, dass Kabat-Zinn wirklich ein Romantiker ist?

Das Feld der Romantikforschung ist unüberschaubar. Und Sie haben ja ein Buch über Achtsamkeit gekauft. Ich beschränke mich hier deshalb auf das Destillat meiner Auseinandersetzung mit der Romantik: Das Romantische ist, würde ich sagen, kein literaturwissenschaftlicher Kanon, sondern ein wirkmächtiger Lösungsversuch für ein spezifisch modernes Problem, das der Entzauberung.[42] Damit meine ich die zunehmend rationalisierte, fragmentierte und von Wissenschaft und bürokratischen Alltagsroutinen beherrschte Welt. Diese Welt ist nicht »an sich« entzaubert, sondern Entzauberung meint die Überzeugung oder Welthaltung, »daß es also prinzipiell keine geheimnisvollen unberechenbaren Mächte gebe, [...] daß man vielmehr alle Dinge – im Prinzip – durch Berechnung beherrschen könne«, wie der Soziologie Max Weber einst definierte.[43]

Die romantische Frage ist nun, wie in einer derart gründlich entzauberten Welt der Anspruch auf Ganzheit und Sinn, die Sehnsucht nach etwas Geheimnisvollem oder Numinosem gerettet werden kann. Das Romantische steht dabei – zumindest in seinen anspruchsvolleren Varianten – nicht kategorial der modernen Rationalität und Wissenschaft entgegen. Sie ist der Versuch, *in* dieser entzauberten Welt einen Zauber wiederzufinden. Sie postuliert nicht schlicht eine verzauberte Welt, sondern sucht nach Formen der Wiederverzauberung. Anders gesagt: Das Romantische ist ein Modell dafür, wie jene dritte Herausforderung, das Kunststück, gemeistert werden kann.

Romantische Augen

Obwohl sich der Romantiker Kabat-Zinn auch in seinen ersten beiden Büchern zeigt, sind seine Bestrebungen, das Kunststück der Sinngebung zu meistern, vor allem in seinem dritten Buch *Coming to Our Senses* (dt.: *Zur Besinnung kommen*) zu finden. Eine Stelle ist besonders bemerkenswert:

> [U]nsere mechanistischen Beschreibungen neigen dazu, die Ehrfurcht beiseite zu lassen, das Staunen über das Wunder von all dem […]. Ist das, was der Dichter weiß, irgendwie weniger »wirklich« als das, was die Naturwissenschaft »weiß«? Ich glaube nicht.[44]

Kabat-Zinn stellt dem wissenschaftlichen Weltbild ein Welt des Wunderbaren entgegen. Hier wird deutlich, wie sehr in ihm verschiedene Facetten der Achtsamkeitsbewegung zusammenfließen. Denn die Phrase »Wunder von all dem« verweist auf Nhat Hanh, jenen Popularisator der interessiert-sorgenden Achtsamkeit, der Zen mit Achtsamkeit verbunden hat. In seinem Buch *The Miracle of Mindfulness* (dt.: *Das Wunder der Achtsamkeit*) schreibt Nhat Hanh: »Jeden Tag haben wir Teil an einem Wunder, das wir nicht einmal als solches sehen: ein blauer Himmel, weiße Wolken, grüne Blätter, die schwarzen neugierigen Augen eines Kindes – unsere eigenen Augen. Alles ist ein Wunder.«[45] Bemerkenswert ist, dass Nhat Hanh das Wunderbare in einem expliziten Gegensatz zu einem Gang über das Wasser beschreibt und damit auf das Christentum anspielt. Das Wunder, um das es hier geht, ist also nichts Übernatürliches, nichts Außeralltägliches, sondern das Alltägliche selbst. Während im *distanziert-sezierenden Achtsamkeitstyp* die Welt dem Zustand der Erlösung radikal entgegengestellt wird, wird hier das Alltägliche mit dem Sakralen verschränkt.

Dies ist, wenn man es buddhologisch deuten will, eine Konsequenz aus der im letzten Kapitel eingeführten Grundannahme der Interdependenz: Aus dieser erscheint die starre Grenze zwischen leidhafter und erlöster Existenz wenig überzeugend.

Kabat-Zinn definiert das Wunder darüber, dass es in einer mechanischen Welt und in dem Gefühl von Fragmentierung eine Ahnung von Ganzheit, Umfassendheit gibt. Diese Struktur findet sich bei vielen seiner Konzepte. Er bezeichnet zum Beispiel Heilung nicht als das Kurieren von Symptomen (»curing«), sondern als die Erfahrung von Ganzheit (»wholeness«) selbst im Kranksein. Analog zu der Gleichzeitigkeit von Fragmentierung und Ganzheit versteht Kabat-Zinn zudem Zeit: Das flüchtige Jetzt, der gegenwärtige Moment, auf den sich die Achtsamkeit ja vor allem konzentrieren soll, ist für ihn zugleich etwas Zeitloses.[46] Achtsamkeit zu üben, heißt für Kabat-Zinn also nicht lediglich, Stress zu reduzieren und etwas gegenwärtiger zu werden. Es heißt mindestens ebenso, im chaotischen, zerklüfteten, gehetzten Leben das Wunder von Ganzheit und Zeitlosigkeit zu erspüren.

Wie passt das alles zusammen? Eine Achtsamkeit, die sowohl wissenschaftlich als auch romantisch sein soll?

Zuallererst müssen wir verstehen, welche Form genau die »wissenschaftliche Evidenz« bei Kabat-Zinn annimmt. Bei ihm ist Achtsamkeit keine »Wissenschaft auf dem Kissen«, wie in der *distanziert-sezierenden Achtsamkeit*, sondern er steht für eine pragmatische Forschung in dem Sinne, dass es ausreicht, zu wissen, ob etwas wirkt oder eben nicht.[47] Die pragmatische Achtsamkeitsforschung kümmert sich zuvorderst wie bereits beschrieben um die *Effekte* der Meditationspraxis. Dieser Fokus auf die gesundheitsfördernden Effekte schafft aber eine für Kabat-Zinn produktive Lücke: Die gemessenen, wissenschaftlich evaluierten Effekte tangieren nicht die ganzen Konzepte und Vorstellungen über das Selbst, die Annahmen darüber, wie die Welt ist. Die Effekte der Achtsamkeit können wissenschaftlich fundiert sein, und zugleich kann die darin geübte Haltung rein gar nichts mit einem »wissenschaftlichen Blick« zu tun haben. Auch der Schlaf, so habe ich mir sagen lassen, hat durchaus wissenschaftlich belegte positive Effekte auf die Gesundheit. Aber daraus leitet sich – mal bedauerlicher-, mal glücklicherweise – keinerlei Wahrheitsgehalt für die Träume ab, die wir durchleben.

Der romantische Clou ist, dass diese bedeutungsvolle, wundersame Welt konsequent an die Leistung des Subjekts gebunden wird: Das Subjekt wiederverzaubert die entzauberte Welt. Oder, um es etwas poetischer und mit dem Romantiker Clemens Brentano zu sagen, es liegt an der »Perspektive« oder an der »Farbe des Glases«, durch das wir in die Welt schauen.[48] Gerade die Leistung oder die Fähigkeit, die Welt anders zu sehen, stellt bei Kabat-Zinn Achtsamkeit dar. Sie ermögliche, mit den »Augen der Ganzheit« zu sehen, wie ein Kapitel von ihm heißt. Und durch diese »Augen« erscheine die Welt als ganz, vollständig, verbunden.

Kabat-Zinn hat für diese »romantischen Augen« eine, wie ich finde, sehr interessante Metapher: die Dimensionalität. Die wissenschaftlich beschriebene Welt sei eine Welt der Zweidimensionalität. Durch Achtsamkeit könne nun eine dritte Dimension, eine »orthogonale Realität« erschlossen werden, jene Realität der Tiefe, Ganzheit und Verbundenheit. Diese dritte Dimension aber ändere – und das ist der springende Punkt – nichts an dem »zweidimensionalen ›Flachland‹«. Es wird nichts hinzuerfunden: »An der konventionellen Realität ist nichts ›Falsches‹. Sie ist einfach nur unvollständig.«[49]

Dieser Ansatz lässt sich religionswissenschaftlich deuten als eine Radikalisierung des oben beschriebenen Prozesses der Verinnerlichung. Deutlich tritt dies dort zutage, wo Kabat-Zinn auf den Begriff der Spiritualität zu sprechen kommt, einen Begriff, den er meist vermeidet. In einem für ihn fast schon typischen Kniff greift er den Begriff dann doch auf, um ihn gleichzeitig umzudeuten. Achtsamkeit sei schon etwas Spirituelles, wenn man darunter verstünde, »durch unsere eigenen Augen zu schauen, mit den Augen der Ganzheit zu sehen«.[50]

Kurzum: Das Wunder des Lebens und das Numinose sind für Kabat-Zinn nur poetisch artikulierbar und subjektiv zu erspüren – mittels Achtsamkeit. Ob dieser Ansatz überzeugt – das überlasse ich Ihnen. Ich wollte lediglich zeigen, wie sehr sich Kabat-Zinn des Romantischen bedient und er sich an der Quadratur des Kreises versucht: nicht nur den religiösen und asketischen Vorbehalt zu entkräften, sondern auch das Kunststück der Sinnstiftung zu vollbringen. Er präsentiert Achtsamkeit als eine wissenschaftlich fundierte, weltzugewandte Praxis, die zugleich umfassende Sinnstiftung verspricht.

Überall dasselbe

Die radikale Verinnerlichung, die ich am Beispiel Kabat-Zinns herausgearbeitet habe, geht paradoxerweise mit einer Überzeugung einher, auf die ich abschließend noch kurz verweisen will: der Überzeugung, dass Achtsamkeit in vielen, vielleicht sogar in allen religiösen Traditionen zu finden sei. So schreibt Kabat-Zinn, Achtsamkeit als eine Wertschätzung des Jetzt sei »für den Buddhismus, den Taoismus und den Yoga gleichermaßen bestimmend« und zeige sich auch bei »Emerson, Thoreau und Whitman sowie in der indianischen Weisheit«.[51]

Auf dieses Motiv treffen wir auch bei anderen Autor:innen der *interessiert-sorgenden Achtsamkeit* wie Jack Kornfield. Er deutet beispielsweise eine vor allem in der *vipassana*-Meditation verbreitete Lehre der »Hindernisse« (Pali, Sanskrit: *nivarana*) als eine universale Lehre vom Geist, wie sie im Christentum, Judentum, bei den Sufis, Hindus und amerikanischen Indian Shamans zu finden sei.

Dieser Synkretismus, also die Vermischung verschiedener religiöser oder philosophischer Traditionen, ist kein Zufall, wie ich meine. Er ist Teil einer Gegenbewegung zur modernen Verinnerlichung. Die Religionswissenschaftler:innen Linda Woodhead und Paul Heelas sprechen von einer Universalisierung, also der Überzeugung, dass der Vielfalt der Religionen eine gemeinsame Wahrheit zugrunde liege.[52] Eine solche Universalisierung lässt sich verstehen als eine Reaktion auf die Herausforderung durch andere Religionen – und damit als einen Effekt der Globalisierung, durch die die religiöse Vielfalt überhaupt erst sichtbar wird. In diesem Sinne lässt sich ebenso der durchaus kontroverse Begriff Säkularisierung deuten: Die säkulare Moderne ist dann nicht als Abnahme von Religion zu definieren, sondern darüber, dass der Glaube zur »Option« wird – und dadurch unter Rechtfertigungsdruck gerät.[53] Es überrascht nicht, dass die Suche nach neuen und entfernten Sinnquellen bereits um 1800 bei Goethe, den Romantiker:innen wie Schlegel oder bei Thoreau, der selbst indische Quellen rezipierte, zu finden ist.[54] Die prominentesten Vertreter:innen dieser Universalisierung finden wir aber um 1900. Beispielsweise versucht Aldous Huxley eine ewige Philosophie, die *philosophia perennis*, zu schreiben. Am einflussreichsten ist in diesem Zusammenhang die esoterische oder okkulte Theosophische Gesellschaft, die von Helena Petrovna Blavatsky (1831–1891) und Henry Steel Olcott (1832–1907) 1875 in New York gegründet wurde. Beide setzten sich zwar intensiv mit dem Buddhismus auseinander, doch ging es ihnen vorrangig darum, eine immerwährende Wahrheit aller Religionen zu finden.

Auf die Achtsamkeitsbewegung und vor allem die *interessiert-sorgende Achtsamkeit* bezogen, lässt sich der Synkretismus deuten als der Versuch, die radikale Verinnerlichung doch auf ein wenig sicherere Füße zu stellen: Wenn Achtsamkeit – folgen wir ihrer Argumentation – eben an vielen Orten und zu vielen Zeiten in der Welt gepriesen wurde, dann scheint doch etwas dran zu sein.

Aber dieser Synkretismus, der eine universelle Wahrheit begründen soll, kann meiner Meinung nach wenig überzeugen. Hier gilt das Problem der selektiven Rezeption in noch mal verstärktem Maße. Auch beim Synkretismus handelt es sich um einen strategischen Zugriff auf verschiedenen Traditionen, Religionen und Texte, die dann zum »Wesen« erklärt werden. Ob nun aber just auch Vertreter:innen aller dieser genannten Religionen, Autor:innen oder Völker das genauso sehen, mag mehr als bezweifelt werden. Das Streben nach einer universellen Stabilisierung der eigenen Konzeption geht auf Kosten kultureller Vereinnahmung. Und es macht Achtsamkeit wieder zu einer Entdeckung – diesmal nicht nur einer uralt buddhistischen, sondern einer universellen Praxis.

Eindeutig uneindeutig

Was ist die Moral von der Geschichte? Die erste ist, dass von der Geschichte der Entdeckung nicht viel übrig bleibt. Die Popularisierung der Achtsamkeit lässt sich, wie ich exemplarisch dargestellt habe, nicht aus der vermeintlich uralten, sich seit Jahrtausenden bewährenden Achtsamkeitspraxis selbst verstehen. Die

Popularität der Achtsamkeit in modernen Gesellschaften lässt sich nur begreifen, wenn wir nachvollziehen, wie geschickt die Advokat:innen sie aufs Engste mit der modernen Kultur verflochten haben. Diese Verflechtungsgeschichte habe ich entlang der drei Herausforderungen – dem religiösen und asketischen Vorbehalt und dem Kunststück der Sinngebung – ausgeführt. Die drei im vorigen Kapitel herausgearbeiteten Typen der Achtsamkeit meistern diese dreifache Herausforderung sehr unterschiedlich:

Die *distanziert-sezierende Achtsamkeit* resultiert vor allem aus einer Verzahnung der südostasiatischen Reformbewegung, der frühen Rezeption des Buddhismus als »rationaler Religion« und dem Versuch, Meditation selbst als eine Art »innere Wissenschaft auf dem Kissen« zu konzeptualisieren. Sie kümmert sich vorrangig um die Entkräftigung des religiösen Vorbehalts, bleibt aber letztlich in einer Distanz zur Welt und dem theravadischen Erlösungsversprechen verpflichtet.

In der *interessiert-sorgenden Achtsamkeit* ist der umfassendste Versuch zu beobachten, die drei Herausforderungen gleichzeitig zu meistern. Besonders Jon Kabat-Zinn kommt hier eine entscheidende Rolle zu. Er etablierte Achtsamkeit als Gegenstand der empirischen Forschung und trug wie kein anderer zu ihrem Ruf als »wissenschaftlich fundiert« bei. Ferner präsentierte er Achtsamkeit als weltzugewandte Praxis und als eine der amerikanischen Kultur bereits vertraute Übung. Schließlich hält Kabat-Zinn an einem umfassenden Sinnanspruch der Achtsamkeit fest – wenngleich im Modus des Romantischen nur subjektiv und temporär zu erspüren sei.

Die *funktionalistische Achtsamkeit* habe ich in diesem Kapitel weniger behandelt, denn sie lässt sich schlicht als eine weitere Wendung des Steins verstehen, den vor allem Kabat-Zinn ins Rollen gebracht hat. Gleichwohl verzichten ihre Vertreter:innen auf das anspruchsvolle Kunststück, Achtsamkeit als umfassendes, transformatives Sinnangebot zu präsentieren, dem Kabat-Zinn so viel Aufmerksamkeit widmet.

Die zweite Lehre der Verflechtungsgeschichte besteht darin, dass wir es bei der Achtsamkeitsbewegung mit einer spezifischen Verarbeitung einer Vielzahl kultureller Quellen zu tun haben. Diese kulturelle Mehrdeutigkeit ist für die Popularität der Achtsamkeit ganz entscheidend: Die Achtsamkeitsbewegung kann viele Menschen ansprechen, da sie für jede:n etwas zu bieten hat – und für eine Vielzahl skeptischer Nachfragen gerüstet ist. Einer Atheistin, der Achtsamkeit aufgrund religiöser Quellen suspekt erscheint, kann mit dem Verweis auf die wissenschaftlichen Studien gekontert werden. Einen Lebemann, dem eine zu asketische Meditation nicht behagt, mag der Hinweis überzeugen, dass er überall und jederzeit mitten im Alltag üben kann. Und Sinnsuchenden, die in einer gründlich entzauberten Welt auf Abhilfe hoffen – ja, auch für diese hat Achtsamkeit immer noch einiges zu bieten.

Die dritte Lehre führt uns zu einem ähnlichen Ergebnis, zu dem ich im letzten Kapitel gekommen war: So verführerisch die Geschichte der Entdeckung in einer komplexer werdenden Welt sein mag, ein genauerer Blick zeigt uns, wie sehr wir mit unserer Zeit verwoben sind. In der Achtsamkeitsbewegung offenbaren sich die Konflikte, Widersprüche und Herausforderungen der Moderne selbst: der Anspruch auf Rationalität und das gleichzeitige Leiden an ihr; die Ablehnung monotheistischer Religionen und andererseits die Sehnsucht nach Bedeutung; sich selbst überfordert zu fühlen und sich trotzdem selbst immer weiter zu fordern. Die Geschichte der Entdeckung verschleiert, dass wir es sind, die Geschichte schreiben – und unsere Gegenwart gestalten.

DIE VERMEINTLICHE MACHT DES INDIVIDUUMS

Warum ist Achtsamkeit so umkämpft?

Ein verkrümmter Körper, die Hände an die Kopfseiten gepresst, der Mund weit aufgerissen, schreckerfüllt, vielleicht verzweifelt. *Der Schrei*. Edvard Munchs ikonisches Motiv von 1893 gleicht einer Zeitdiagnose. Es stellt einen Menschen dar, dem in der entfremdeten modernen Welt nichts weiter bleibt, als zu schreien.[1] Zur selben Zeit – Ende des 19. Jahrhunderts – zeigt sich ein selig lächelndes Gesicht auf der Bühne europäischer Öffentlichkeit: die Buddhastatue. Dieser aufrecht sitzenden Gestalt mit halb geschlossenen Augen scheint die Welt nichts anzuhaben. Voller Gelassenheit ruht sie in sich. Der verzweifelte Schrei der Moderne verhallt im stillen Lächeln der meditativen Versenkung.

Es ist das blühende Versprechen, dieser Welt nicht ausgeliefert zu sein, das sich bei aller Heterogenität in der Achtsamkeitsbewegung fortsetzt, sie durchzieht, ihren Aufschwung trägt. Und es ist ein Versprechen, das zunehmend auf beißende Kritik stößt: Ruhe und Gelassenheit in einer aus den Fugen geratenen Welt, höhere Leistungsfähigkeit in einem widrigen Alltag, die Entdeckung der alltäglichen Wunder in einer gründlich entzauberten Zeit – all das klingt in den Ohren der Kritiker:innen wohlfeil. Achtsamkeit sei zu selbstbezogen, kapitalistisch vereinnahmt, ein Tool für den endlosen Sprint im Hamsterrad, der den ganzen Laden erst am Laufen halte. Die ruhigen Momente der Achtsamkeit? Nichts weiter als Tropfen auf heißen Steinen.

Es wird Zeit, sie endlich zu betreten: die Arena der Achtsamkeit.

Ich gestehe, ich nähere mich diesem Deutungskampf mit gemischten Gefühlen. Der Modus der Kritik an der Achtsamkeitsbewegung löste bei mir häufig Unbehagen aus – zu paternalistisch der Ton, zu sehr vom Seitenrand aus vorgetragen. Achtsamkeit fokussiere sich lediglich aufs »Ich«, zu wenig auf die gesellschaftlichen Verhältnisse. »Welch Überraschung!«, dachte ich mir nicht selten, wenn ich solche Kritiken im Feuilleton oder in wissenschaftlichen Büchern las. Wer in großen Maßstäben denkt und etwa den Kapitalismus überwinden will, der kann mit so etwas wie Achtsamkeit a priori natürlich nicht viel anfangen. Zudem fehlte mir oft eine angemessene Detailtiefe. Zumindest müssten die Kritiken doch, meinte ich, der Heterogenität der Achtsamkeitsbewegung Rechnung tragen. All diese in den vergangenen Kapiteln herausgearbeiteten Unterschiede nonchalant über einen Kamm zu scheren, schien mir der Sache nicht gerecht zu werden.

Und dennoch: Ich halte die Kritik an der Achtsamkeitsbewegung für unverzichtbar, denn auch mir behagt sie immer weniger, wie ich in diesem Kapitel begründen will. Doch wir sollten unser Unbehagen nicht bequem von den Rängen aus äußern. Ergiebiger ist es, wenn wir uns ins Getümmel stürzen, die Kritik sozusagen aus der Sache selbst heraus formulieren. Diese interne Kritik hat den Vorteil, die Widersprüche, Abwege und Verstrickungen tatsächlich zu verstehen, in die wir uns begeben, wenn wir uns dem Phänomen zuwenden. Vielleicht erhöht dieses Vorgehen nebenbei auch die Chance, von den Akteur:innen selbst rezipiert zu werden. Was nützt es, wenn sich diejenigen, die mit Achtsamkeit nichts anfangen können, durch eine mehr oder weniger pointiert vorgetragene Kritik bestätigt sehen, während die Wohlgesinnten mit allzu pauschaler Kritik wenig anfangen können?

Die vermeintliche Macht des Individuums

Eine verhängnisvolle Reduktion

Warum sollten wir Achtsamkeit üben? Warum sollten wir uns eine nicht ganz unerhebliche Zeit dafür nehmen – und das am besten täglich? Mein Unbehagen an der Achtsamkeit gründet in der seltsamen Strategie, mit der innerhalb der Achtsamkeitsbewegung auf diese Fragen geantwortet wird. Diese Legitimationsstrategie, wie man sie nennen könnte, lässt sich als ein Vierschritt rekonstruieren, der einen folgenreichen und problematischen Reduktionismus offenbart. Schauen wir uns diesen Vierschritt einmal genauer an.

Die Argumentation beginnt mit einer Diagnose des Leidens. Dieses wird, wie ich im ersten Kapitel geschrieben habe, unterschiedlich bestimmt – mal global im theravadischen Sinne als ein umfassendes *dukkha*, das auch glückliche Momente umfasst; mal spezifischer als Vereinsamung oder als Gefühl, das Leben ziehe an einem vorbei; mal alltäglicher als Stress und Überforderung; mal vager als Sehnsucht, »das Leben müsse mehr sein als das, was es ist«.[2]

Der zweite Schritt besteht in einer gesellschaftlichen Einbettung. Das individuelle Leiden wird kontextualisiert durch gesellschafts- oder kulturkritische Zeitdiagnosen. Hier haben wir es mit einem ganzen Spektrum solcher Diagnosen zu tun: Sie reichen von der einfachen Benennung eines hektischen und dichten Alltags bis hin zu der Fundamentalkritik einer materialistischen und konsumorientierten Kultur.

Besonders prominent und ausführlich tritt diese gesellschaftliche Einbettung bei Jon Kabat-Zinn und Jack Kornfield hervor. Sie zeichnen das Bild einer krisenhaften, von Umweltkatastrophen und Ungerechtigkeiten gebeutelten Welt. Kabat-Zinn beschäftigt sich besonders umfangreich mit der Zeitdiagnose der Beschleunigung. Er sieht das zunehmende Lebenstempo als dominante gesellschaftliche Entwicklung der letzten Jahrzehnte an, angefeuert von der fortschreitenden Digitalisierung und den neuen Kommunikationsmitteln. Gerade darin liege die zentrale Bedingung für den zunehmenden Stress oder das steigendende »Un-Wohlsein« (engl.: »Dis-Ease«), wie Kabat-Zinn das »Leiden« in seinem dritten Buch *Zur Besinnung kommen* nennt.[3]

Diesen beiden Diagnosen verweisen, dritter Schritt, auf eine Ätiologie. Dieser vor allem in der Medizin Begriff kommt aus dem Griechischen und setzt sich aus »Ursache« und »Lehre« zusammen. Ich bezeichne damit die in der Achtsamkeitsbewegung und ausgeführten Theorien über die Ursache des Leidens. Und von diesen Theorien über die Ursache des Leidens haben wir bereits in den vergangenen Kapiteln einige Varianten kennengelernt: zum Beispiel die »Drei Wurzeln des Bösen« im distanziert-sezierenden Achtsamkeitstyp oder den »zerstreuten Geist« in der *funktionalistischen Achtsamkeit*. Vor allem aber ist ein Begriff zu einem geflügelten Wort innerhalb der Achtsamkeitsbewegung avanciert: der von Kabat-Zinn eingeführte und mehrdeutig verwendete Begriff »doing mode«. Dieser beschreibt ein unbewusstes und automatisiertes, ein mechanistisches Selbst- und Weltverhältnis, also ein Leben, das von Routinen gekennzeichnet ist und vom immer wiederkehrenden Abspulen gleicher Verhaltensweisen. Kabat-Zinn nennt dies auch den »Autopiloten«. An anderer Stelle meint dieser »doing mode« eine zwanghafte Haltung, immer gleich für alles Lösungen suchen zu wollen, genauer: das permanente Abgleichen von dem, was ist, mit dem, was eigentlich sein sollte.[4] Und dann wird der »doing mode« zeitdiagnostisch verwendet, wenn Kabat-Zinn unsere Gesellschaft als eine Gesellschaft des unentwegten Beschäftigtseins beschreibt.[5]

All diese Ätiologien basieren – vierter, letzter und springender Punkt – auf einer Grundannahme. Diese besagt, dass das Leiden auf die Individuen oder genauer auf ihren Geist oder ihre Psyche zurückzuführen sei. Ganz besonders klar tritt diese Annahme bei Nyanaponika zutage, der sie »Die Lehre vom Geiste« (engl.: *mind doctrine*) nennt. Er bezeichnet diese Lehre sogar als den Kern der buddhistischen Lehre. Dabei beruft er sich auf das *Dhammapada*, einer Verssammlung, die zu den populärsten Texten des Pali-Kanons gehört. Nyanaponika zitiert daraus unter anderem die folgende Passage: »Vom *Geiste* gehen die Dinge aus, sind geistgeboren, geistgeführt.«[6] (Im englischen Original ist diese Passage etwas verständlicher: »Mind precedes things, dominates them, creates them.«[7])

Aus diesem und anderen Versen des *Dhammapada* leitet er nun seine »Lehre vom Geist« ab. Ich halte die Passage für so aufschlussreich, dass ich noch etwas ausführlicher zitieren möchte:

> Daher [im Anschluss an die zitierten Verse; J.S.] ist die Umkehr, die der menschliche Geist in seiner gegenwärtigen Krise zu vollziehen hat, notwendig eine Einkehr in sich selbst. Nur durch innere Wandlung wandelt sich das Außen, auch wenn es noch so langsam nachfolgt. Ist die innere Mitte stark und geordnet, so bleibt es nicht aus, daß das Wirrsal der Peripherie sich allmählich klärt und sich wie von selbst ordnet um die Klarheit der inneren Mitte. Die Ordnung oder Wirrnis der Gemeinschaft folgt aus der Ordnung oder Wirrnis des Geistes.

Der Dreh- und Angelpunkt einer möglichen Transformation des Selbst und der Welt ist also eines: der menschliche Geist oder die Psyche.

Nyanaponika steht mit dieser Ansicht innerhalb der Achtsamkeitsbewegung nicht allein. Sie ist vielmehr ihr Fundament, auf dem sie bei aller Heterogenität aufbaut.[8] Kabat-Zinn formuliert die Annahme explizit in Bezug auf die von ihm diagnostizierten Krisen der Welt. Alle entspringen, wie er schreibt, dem »menschlichen Geiste und menschlicher Aktivität«.[9]

Genau hier, so glaube ich, haben wir den springenden Punkt gefunden, der in der Arena der Achtsamkeit verhandelt wird. Denn aus dieser Annahme lässt sich ja eben beides ableiten: einerseits – und das ist die Deutung des »Teams Achtsamkeit« – spricht daraus das ungeheure Versprechen individueller Macht: *Du kannst etwas an deiner Situation, an dem Übel der Welt ändern!* Andererseits – die Gegenposition des »Teams Kritik« – erklärt sich daraus das Unbehagen, dieses Gefühl, dass etwas mit dieser versprochenen Selbstermächtigung nicht stimmt.

Und in der Tat: In diesem Vierschritt steckt ein ziemlich unumwundener Reduktionismus. Schauen wir uns dazu den Vierschritt noch mal auf einen Blick an:

1. *Diagnose des Leidens:* die vielfältig ausbuchstabierte Diagnose individuellen Leidens.
2. *Gesellschaftliche Einbettung:* die Kontextualisierung des Leidens durch kulturelle und gesellschaftliche Zeitdiagnosen.
3. *Ätiologie:* die Bestimmung psychologischer Ursachen für das Leiden.
4. *Grundannahme:* die Geist als Angelpunkt für eine Transformation.

Ohne die Grundannahme steht die Ätiologie in einem luftleeren Raum, die Legitimation der Achtsamkeit insgesamt käme gehörig ins Wanken. Der Reduktionismus besteht also genau darin, das individuelle Leiden zwar gesellschaftlich und weltlich zu rahmen, aber letztlich in der Ätiologie nur Individuen zu adressieren. Ich nenne diesen Reduktionismus der Achtsamkeitsbewegung deshalb auch einen *gesellschaftskritischen Individualismus.*[10] Dieser führt die Achtsamkeitsbewegung auf Abwege, wie ich nun anhand von vier problematischen Konsequenzen zeigen möchte.

Abwege des gesellschaftskritischen Individualismus

»There is no such thing as society«

Beginnen wir mit einer Klarstellung: Der Reduktionismus besagt nicht, dass es innerhalb der Achtsamkeitsbewegung »nur« um einzelne Individuen und deren Transformation gehe. Das mag hier und da so sein. Aber es wird, und daraus entsteht ja erst der Reduktionismus, häufig der Anspruch vertreten, dass Achtsamkeit das Individuum und die Welt transformieren könne.

Besonders deutlich wird dies etwa bei Kabat-Zinn, dessen Buch *Zur Besinnung kommen* im Englischen den Untertitel *Healing Ourselves and the World Through Mindfulness* führt und der mit anderen das Buch *Wer sich verändert, verändert die Welt* herausgegeben hat. Achtsamkeit stellt für Kabat-Zinn eine notwendige Praxis für das Überleben der menschlichen Spezies dar.[11] Aber auch bei der unternehmerischen Achtsamkeit ist dieser Anspruch zu finden. Im Buch zum ursprünglichen Google-Kurs *Search Inside Yourself* von Tan lesen wir bereits im Titel: *The Unexpected Path to Achieving Success, Happiness (and World Peace)*. Das ist zwar etwas ironischer formuliert als bei Kabat-Zinn und passt bestens zum Silicon-Valley-Mindset, wonach mit den dort entwickelten »bahnbrechenden Technologien« zugleich die Welt zu einer besseren wird. Der Titel verdeutlicht aber dessen ungeachtet den umfangreichen Anspruch, der mit Achtsamkeit verbunden wird.

Die entscheidenden Fragen, die sich aus dem gesellschaftskritischen Individualismus ergeben, sind deshalb: Welcher Status kommt den beiden Ebenen zu, der individuellen und der gesellschaftlichen? Und wie stehen sie zueinander im Verhältnis? Wie wird also die »Selbst-« und »Welt-Transformation« konzeptualisiert?

Auch auf die Gefahr hin, dass es nun für ein oder zwei Absätze etwas theoretischer wird, muss ich hier einen kleinen soziologischen Exkurs einschieben. Denn diese Fragen nach dem Motor gesellschaftlicher Veränderung und dem gegenseitigen Bedingungsverhältnis von Individuum und Gesellschaft sind Grundfragen der Soziologie, zumindest dort, wo ich soziologisch sozialisiert wurde.[12]

Ganz vereinfacht gesprochen, stehen sich zwei unterschiedliche Ansätze gegenüber. Vertreter:innen des »methodologischen Individualismus« beginnen beim Individuum, dessen Handlungen und Intentionen. Dieser Ansatz geht also nach dem Prinzip *bottom up* vor. Er erklärt soziale Veränderungen durch das Zusammenwirken von Veränderungen auf individueller Ebene. Dagegen wenden Vertreter:innen des »methodologischen Holismus« ein, dass die Handlungen von Individuen bereits immer gesellschaftlich geprägt oder gar determiniert seien. Soziale Veränderungen – und damit auch die Veränderungen von Individuen – erklären sie durch die Transformation von Strukturen, also nach dem Prinzip *top down*. Diese beiden Ansätze spiegeln sich in politischen Strömungen wider – etwa dem Liberalismus oder Marxismus – und führen zu ganz unterschiedlichen Deutungen von konkreten Praktiken: Während die einen zum Beispiel das gekonnte Hantieren mit Gabel und Messer als Zeugnis individueller Errungenschaft sehen, analysieren es die anderen als Merkmal und Reproduktion einer bestimmten sozialen Klasse oder Schicht, sagen wir des gehobenen Bürgertums. Während die einen die Konsumgesellschaft auf bestimmte Eigenschaften von Individuen zurückführen, zum Beispiel dem Wunsch nach individueller Entfaltung, sehen die anderen darin eine Strukturnotwendigkeit des fortgeschrittenen Kapitalismus, der auf einen Absatzmarkt angewiesen ist.

Wie lässt sich nun aber der gesellschaftskritische Individualismus der Achtsamkeitsbewegung zwischen diesen Polen verorten? Gar nicht, wie ich meine. Die Position liegt sogar noch jenseits des methodologischen Individualismus. Denn indem das Individuum zum Dreh-, Angel- und, wie es bei Nyanaponika sogar wörtlich heißt, »Höhepunkt« der Transformation wird, bleibt völlig unklar, was denn die gesellschaftlichen Effekte der individuellen Transformation sein könnten. Der methodologische Individualismus versucht, *soziale Praktiken, Institutionen* und so weiter zu verstehen. Aber die Achtsamkeitsbewegung kreist um die Veränderung von Individuen durch Individuen. Der Reduktionismus der Achtsamkeit erweist sich also als ein *bottom*-Ansatz. Was das *up* sein könnte, lässt sich nicht erkennen.

Die Gesellschaft kann so nur als Versammlung einzelner Individuen verstanden werden – womit sich der Begriff »Gesellschaft« eigentlich erübrigt. Achtsame Menschen laufen eventuell etwas weniger gestresst durch die Welt, wie aber dadurch eine rasende Welt transformiert werden soll, bleibt mehr als vage. Ich komme darauf zurück. Das unverbundene Nebeneinander von Individuen jedenfalls, so könnte man es abstrakt formulieren, schafft eine unüberbrückbare Kluft – zwischen einem selbstermächtigten Individuum auf der einen und einer phantomhaft bleibenden Welt auf der anderen Seite.[13]

Der gesellschaftskritische Individualismus der Achtsamkeitsbewegung ist so gesehen ein gesellschaftskritischer Radikalindividualismus. Und daraus ergibt sich eine entscheidende sozialtheoretische Verwandtschaft zu einem wirkmächtigen Paradigma unserer Gegenwart, dem Neoliberalismus. Unter diesem, mittlerweile zu einem Kampfbegriff avancierten Wort versammeln sich verschiedene wirtschaftstheoretische, politische und gesellschaftliche Überzeugungen und Maßnahmen, die seit den 70er-Jahren nach und nach durchgesetzt wurden. Der Neoliberalismus richtete sich anfangs vor allem gegen die Macht von Gewerkschaften und gegen den starken Wohlfahrtsstaat der Nachkriegszeit.[14] Ich verstehe den Neoliberalismus im Kern als ein Programm, in immer mehr gesellschaftlichen Bereichen die Logik der Ökonomie und der Privatisierung zu verankern: Wettbewerb, Gewinnstreben und die Betonung von Eigenverantwortung und individueller Leistung. Gesellschaft indes, ist kein emphatischer Begriff des Neoliberalismus. Im Gegenteil. Die frühere britische Premierministerin Margaret Thatcher, Vorreiterin des Neoliberalismus in Europa, brachte es in einem Interview so auf den Punkt: »There is no such thing as society!«[15] Armut, Ausgrenzung, Pflegebedürftigkeit – es gibt keine Adressat:innen von Schuld oder Kritik, es sei denn, man schaut in den Spiegel.

Politische Sprachlosigkeit

Den zweiten Abweg des gesellschaftskritischen Individualismus sehe ich in der politischen Sprachlosigkeit. Damit meine ich die Gefahr, konkrete Probleme aus der Sphäre des Politischen zu lösen und so zu deuten, dass sie sich als individuelle Aufgabe stellen. Zwei Beispiele sollen diesen Abweg illustrieren:

Denken wir zunächst das oben genannte Beispiel der »Konsumgesellschaft« weiter. Aus Sicht des distanziert-sezierenden Achtsamkeitstyps lässt sich folgende Analyse ableiten: Das umfassende Leiden ist seiner Ätiologie nach auf die »Drei Wurzeln des Bösen« zurückzuführen, auf Gier, Hass und Verblendung. Den massenhaften Konsum könnte man demnach als Folge maßloser menschlicher Gier verstehen. Als »Antwort« auf die Probleme der Konsumgesellschaft ergibt sich daraus logischerweise die Forderung, diese Wurzel des Bösen zu überwinden oder zumindest einzuhegen und Bescheidenheit, Selbstkontrolle oder Großzügigkeit zu entwickeln. Etwas provokant formuliert: Warum politisch an etwas herumdoktern, das notwendigerweise am Kern des Problems, der menschlichen Gier, vorbeigeht? Innerhalb dieser Achtsamkeit erscheint dann nur eine Lösung als sinnhaft: individuelle Achtsamkeit zu entwickeln durch Meditation.

Das zweite Beispiel ist etwas umfangreicher: die Diagnose einer beschleunigten Welt, wie wir sie vor allem bei Kabat-Zinn vorfinden. Ich stimme der Diagnose grundsätzlich zu. Sie deckt sich mit der Alltagserfahrung und mit soziologischen Gegenwartsdiagnosen. Das immer schneller werdende Leben stellt uns tatsächlich vor große Herausforderungen, wie ich in Kapitel 5 ausführen werde. Kabat-Zinn verbindet aber diese Diagnose und das individuelle Leiden in Form eines steigenden Stresslevels mit seiner spezifischen Ätiologie: Das Leiden wird zurückgeführt auf die Ignoranz oder die Nichtakzeptanz der Welt, wie sie eigentlich ist. Und diese »eigentliche Welt« beschreibt er, wie ich im ersten Kapitel geschrieben habe, als eine Welt der Lebendigkeit. Die permanenten Umbrüche und die Notwendigkeit zur Flexibilität, die mit einer beschleunigten Welt einhergehen, erscheinen damit als Ausdruck ebendieser fundamentalen Annahme, wonach das Leben nun mal von Veränderung geprägt sei. Diese Überzeugung kommt am klarsten auf einem von ihm angeführten Poster zum Ausdruck, auf dem der indische und in den USA lehrende Yogi Swami Satchidananda (1914–2002) auf einem Surfboard die Wellen reitet. Dazu der Satz: »Du kannst zwar die Wellen nicht aufhalten, aber du kannst lernen zu surfen.«[16] Es geht Kabat-Zinn offensichtlich nicht um eine *Veränderung*, sondern um die *Bewältigung* der Welt.[17]

Um dieses Problem etwas formaler zu bestimmen: Wenn historisch-gesellschaftliche mit fundamental-ontologischen Strukturen vermischt werden – zum Beispiel die Diagnose einer Beschleunigungsgesellschaft mit einer Aussage wie »das Leben ist Veränderung« –, steigt die Gefahr, dass die bestehenden Verhältnisse naturalisiert werden. Während die *Wellen* bei Kabat-Zinn ein ahistorisches »Naturgeschehen« implizieren, ist das stürmische Leben innerhalb der Beschleunigungsgesellschaft das Resultat einer ganz spezifischen historischen Konstellation, sagen wir von Kapitalismus, Digitalisierung und Globalisierung. Die von Kabat-Zinn gewählte Metapher hinkt also ordentlich, oder anders gesagt: Sie ist Ausdruck des gesellschaftskritischen Individualismus.

Beide Beispiele zeigen ein und dasselbe Problem: Die oft völlig zu Recht angesprochenen gesellschaftlichen Krisen werden im Modus des gesellschaftskritischen Individualismus als ein lediglich psychologisches oder allgemeines Problem hörbar – und damit zu einem Problem, das das Individuum zu lösen hat.

Mir geht es bei meiner Kritik nicht um die Frage, ob es Menschen gibt, die politisch aktiv sind und meditieren. Dieses Argument ist mir als Einwand auf meine Kritik ebenso begegnet wie der Hinweis darauf, dass es Versuche gibt, Achtsamkeit ins politische Feld einzuführen. Hier dient meist Nhat Hanh als Beispiel, den ich zur *interessiert-sorgenden Achtsamkeit* zähle und der ein Vertreter des engagierten Buddhismus und Friedensaktivist während des Vietnamkriegs war.[18] Oder, ein aktuelleres Beispiel, dass die Klimabewegung Extinction Rebellion Achtsamkeitspraktiken anwendet.[19] Mir scheinen diese Beispiele aber Ausnahmen zu sein und, viel wichtiger: Sie ändern nicht unbedingt etwas an der Sache. Sie könnten Aussagen wie »Achtsamkeit wird nicht im politischen Bereich praktiziert« oder »Alle, die Achtsamkeitsmeditation üben, sind unpolitisch« widerlegen. Sie helfen aber wenig dabei, und darum geht es mir hier, die Abwege des gesellschaftskritischen Individualismus aufzuzeigen, der so tief innerhalb der Achtsamkeitsbewegung verankert ist.

Soziologische Naivität

Aus den beiden vorigen Abwegen – der unüberbrückbaren Kluft und der politischen Sprachlosigkeit – ergibt sich unmittelbar eine Konsequenz: Damit sich die Welt transformiert, müssten wir alle meditieren. Yuval Harari, der, wie schon erwähnt, *vipassana*-Meditation als letzte seiner *21 Lektionen für das 21. Jahrhundert* empfiehlt, sieht genau diesen Punkt. Deshalb warnt er davor, zu viel Hoffnung in die Meditation zu setzen. Erstens sei es unrealistisch, dass acht Milliarden Menschen ab sofort meditieren, und zweitens sei Meditation ziemlich anspruchsvoll, die transformative Wirkung also nicht garantiert.[20] Das sagt jemand, der nach eigenen Angaben zwei Stunden täglich meditiert und jährlich bis zu zwei Monate in einem intensiven Meditationsretreat verbringt!

Aber stellen wir uns doch mal vor, wir alle würden tatsächlich meditieren – und zwar noch mal doppelt so viel wie Harari selbst. Mit diesem heroischen Aufwand würden wir dann beispielsweise die Gier als vermeintliche Wurzel der Konsumgesellschaft überwinden. Was hätten wir gewonnen? Ich befürchte: nicht viel.

Schauen wir uns dazu einen sehr konkreten und durchaus kontrovers diskutierten Fall an: das Fliegen. Da wir ja nun durch unsere Meditation den Versuchungen der Reiseindustrie – eine der wichtigsten Industrien des 21. Jahrhunderts[21] – widerstehen, verzichten wir ab sofort auf das Reisen mit CO_2-emittierenden Flugzeugen. Wir reisen nur noch mit der Bahn und werden damit aktive Klimaschützer:innen, wie so manche Werbungen suggerieren. Doch die Sache hat einen Haken, zumindest wenn wir innerhalb Europas reisen: die komplizierte europäische Klimaschutzpolitik. Und berücksichtigen wir diese, stellt sich die Sache anders dar: Denn der CO_2-Verbrauch ist für mehrere Industrien durch den Europäischen Emissionshandel (EU-ETS) gedeckelt. Das heißt, dass die Unternehmen sich mit Zertifikaten das Recht kaufen, CO_2 in die Luft zu blasen. So auch Fluggesellschaften. Wenn nun durch unseren Verzicht Zertifikate der Fluggesellschaften frei werden, gehen die ungenutzten Zertifikate zurück in den Handel und werden für andere Industrien günstiger. So könnten beispielsweise Braunkohlewerke mehr dieser Verschmutzungsrechte erwerben und mehr Strom erzeugen. Der Wirtschaftswissenschaftler Achim Wambach spricht von einem Wasserbetteffekt: Wenn man das Bett irgendwo eindrückt, wölbt es sich an anderer Stelle – die Wassermenge aber bleibt gleich.[22] Für unsere Praxis des Verzichts heißt das: Die Gesamtmenge an CO_2-Zertifikaten kann nur politisch verringert werden, nicht durch einzelne Verzichtsmaßnahmen.

Unser individuelles Verhalten ist also, das sollte das Beispiel zeigen, nicht einfach zu addieren. Der Effekt unseres individuellen Verhaltens wird nur vor dem Hintergrund der politischen und gesellschaftlichen Rahmenbedingungen verständlich, in denen wir uns bewegen.

Um dies zu verdeutlichen, denken wir das Beispiel weiter. Denn wir könnten unsere Gier so weit überwinden, dass wir nicht nur auf Flüge, sondern aufs Heizen verzichten und auf alle Produkte, die vom europäischen Emissionshandel betroffen sind. Für die freien, nicht genutzten Zertifikate gäbe es dann keinen Absatzmarkt mehr, auch wenn sie und damit der CO_2-Ausstoß immer billiger würden. Aber ohne Nachfrage der Verbraucher:innen gäbe es ja auch aufseiten der Industrien keine Nachfrage nach CO_2-Zertifikaten mehr – eingesparte Genehmigungen würden dann auch wirklich mit weniger CO_2-Emissionen einhergehen.

Und hier stoßen wir auf ein strukturelles Dilemma unserer Gesellschaft, das in der Energiekrise 2022 als Folge des russischen Angriffskrieges auf die Ukraine deutlich zutage trat: die strukturelle Abhängigkeit von Wachstum und die damit einhergehende Angst vor wirtschaftlicher Rezession oder Depression. Der Soziologe Hartmut Rosa beschreibt dieses Dilemma wie folgt:

> Für eine wachstumsorientierte kapitalistische Gesellschaft ist es unabdingbar, dass ihre Mitglieder nicht (von den legal zugelassenen) *irgendeine* Konzeption des guten Lebens wählen, sondern eine sehr spezifische, nämlich die [...] des Konsumenten/Produzenten-Paradigmas, welche dafür sorgt, dass sie ihre Aufmerksamkeit und ihre Energien in die

entsprechende Richtung fließen lassen und sie nicht etwa auf Kontemplation, Meditation, militärische Askese, kreative Entfaltung oder Ähnliches richten. Größere Veränderungen in diesem Orientierungsmuster würden unweigerlich zum wirtschaftlichen und sozialen Niedergang einer solchen Gesellschaft führen.[23]

Würden wir dank der durch Achtsamkeitsmeditation überwundenen Gier also plötzlich auf Konsum verzichten, wären die Konsequenzen für unsere Gesellschaft fatal. Industriezweige würden zugrunde gehen, die Arbeitslosenzahlen explodieren, das Rentensystem zusammenbrechen et cetera. Andersherum gesagt: Individuelle Transformation zur Rettung der Welt zu propagieren, ohne die Transformation der gesellschaftlichen Strukturen im Auge zu haben – das ist soziologisch naiv. Erstens sind die Voraussetzungen illusorisch (alle müssten extrem viel meditieren), und zweitens würde dies Effekte zeitigen, die als solche gar nicht reflektiert werden. Man kann es sogar zuspitzen: Das Versprechen der Achtsamkeit, dem Leiden zu entkommen, basiert darauf, dass genügend Menschen eben nicht ihre Gier überwinden und damit das Konsumenten/Produzenten-Paradigma aufrechterhalten.

Dies ist natürlich ein utopisches und dystopisches Szenario zugleich. Schauen wir uns deshalb noch ein konkreteres Beispiel an: die achtsamkeitsbasierte Stressreduktion, sagen wir, bei Pflegekräften, deren schlechte Arbeitsbedingungen während der Corona-Krise plötzlich und viel zu kurz im Lichte der Öffentlichkeit standen.

Stellen wir uns vor, die erschöpften Pflegekräfte entscheiden sich, gefördert von ihren Arbeitgeber:innen, zu meditieren, um mit der Belastung besser umgehen zu können. Vielleicht hilft es und sie haben weniger Stress-Symptome, schlafen besser, fühlen sich wohler – und werden weniger krank. Das entlastet dann auch das »Haus«, die Personalplanung muss keine neuen Pflegekräfte einstellen, um Fehlzeiten auszugleichen. Oder aber - und das ist leider wahrscheinlicher – sie kommt auf die Idee, einige Stellen zu streichen, um Kosten zu sparen. Denn im Zuge der Neoliberalisierung wurden auch die Krankenhäuser zunehmend privatisiert und auf Effizienz und Gewinn hin ausgerichtet.

Da weniger Ausfallzeiten in unserer Gesellschaft keinen Wert an sich haben, sondern nur als Faktor der Einnahme-Ausgabe-Rechnung abgebildet werden können, dürften wir es mit einem Teufelskreis zu tun bekommen: Mehr »Ressourcen« aufseiten der Beschäftigten, die sie dank Achtsamkeitsmeditation gebildet haben, führen zu einer höheren Verdichtung der Arbeit, was wiederum mehr Arbeit am Selbst erfordert, was wiederum zu einer weiteren Verdichtung führt. Dieses Beispiel führt vielleicht zu einer weniger dystopischen, aber dennoch gründlich frustrierenden Erkenntnis: Die Stabilisierung unseres Selbst stabilisiert den gesellschaftlichen Kontext, der uns zu einer Stabilisierung erst nötigte.

Achtsamkeitsbasierte Veränderungen des eigenen Verhaltens können also wirkungslos (Stichwort CO_2), zerstörerisch (Stichwort: Wachstum) oder stabilisierend (Stichwort: Pflege) sein. Es ist diese gesellschaftliche Verstrickung, die der gesellschaftskritische Individualismus nicht sieht – oder eher: nicht sehen kann.

Der gesellschaftskritische Individualismus ist nicht nur aus einer politischen und gesellschaftstheoretischen Perspektive zu kritisieren, sondern auch aus einer ethischen. Damit komme ich zum letzten Abweg.

Moralische Überfrachtung

Wir waren zu einem Abendessen bei Freunden eingeladen. Nach dem Essen bat mich Paul, so nenne ich ihn einfach mal, um Rat: Er meditiere jetzt schon länger, jeden Morgen fünf oder zehn Minuten, aber, wenn er ehrlich sei, merke er gar keinen Fortschritt – und das, obwohl der Effekt der Meditation doch wissenschaftlich bewiesen sei. Er verwendete die App *Headspace*. Ich musste gleich an das Buch von Andy Puddicombe denken, Gründer des Programms. Der Untertitel der englischen Ausgabe verspricht vollmundig: *10 Minutes Can Make All the Difference*. Zehn Minuten können *den* Unterschied machen. Auch wenn das »can« etwas Spielraum lässt – die Botschaft ist klar: Meditation ist ein Gamechanger. Doch Paul merkte keinen Unterschied. Er saß jeden Morgen mit rasenden Gedanken seine zehn Minuten ab. *10 Minutes, no Difference at All.*

Das war mein Thema, und ich redete gleich drauflos: dass ich von dem Versprechen und diesen Minimeditationen wenig halte; dass es bei manchen wie bei mir einst erst »klick« mache, wenn man mal so richtig intensiv meditiere, etwa in einem Retreat; dass man erst dann erfahre, vielleicht, wonach man überhaupt Ausschau in sich halten solle. Sonst suche man morgens auf dem Kissen sehr lange die Nadel im Heuhaufen …

Ich weiß nicht, was ich noch alles sagte, nur dass ich mich im Nachhinein über meine Antworten ärgerte. Denn diese überspitzt dargestellte Szene zeigt vor allem eines: die moralische Überfrachtung des Individuums. Wenn zehn Minuten den Unterschied nicht machen (obwohl alle angeführten Studien suggerieren sollen, dass sie den machen), dann liegt es eben – na klar: an dir!

Wenn wir jetzt noch berücksichtigen, dass es innerhalb der Achtsamkeitsbewegung meistens nicht nur um ein paar Minuten der Ruhe geht, sondern um eine Antwort auf die Krisen der Welt, lässt sich die optimistisch klingende Botschaft der Achtsamkeit gleichfalls als eine Bürde verstehen: Die ganzen Krisen der Welt lasten auf dir. Das ist die erbarmungslose Kehrseite des Versprechens.

Neben dem sozialtheoretischen, politischen und soziologischen Abweg liegt im gesellschaftskritischen Individualismus deshalb auch ein ethischer: die Selbstgeißelung des Individuums als andere Seite der Selbstermächtigung. Ich weiß, das ist starker Tobak, vor allem in Bezug auf die *interessiert-sorgende Achtsamkeit*, die auch die Selbstfürsorge lehrt und sich gerade als Antipode einer Geißelung versteht (erinnern Sie sich an den Umgang mit Schmerzen, den ich in Kapitel 1 ausgeführt hatte). Aber ich befürchte: Beides geht gleichzeitig. Es ist eben kein Widerspruch, Watte in einer Schublade aus Stahl zu lagern. So kann die achtsame Selbstfürsorge eingebunden sein in die Gesundheitspolitik, weil Berechnungen ergeben haben, dass es sich lohnt, Achtsamkeitskurse zu fördern.[24]

Diese Gleichzeitigkeit wird am Beispiel gesundheitlicher Prävention am verständlichsten.[25] Denn obwohl das, was Vorsorge verhindern soll, in der Gegenwart noch nicht eingetreten ist, wirkt es allein schon durch die Kraft des Möglichen und formt die Gegenwart. So gesehen haben wir, wenn wir beispielsweise joggen gehen, nicht nur Spaß an der Bewegung. Wir rennen gegen unendlich viele Eventualitäten an – der Herzinfarkt ist gegenwärtig, weil er geschehen könnte. In der *Mindfulness-Based Cognitive Therapy*, einem Ableger der *Mindfulness-Based Stress Reduction*, wird so auch die Prävention zukünftiger Depressionen als Ziel definiert – und Achtsamkeit, das Hier-und-Jetzt, zugleich etabliert als ein »Frühwarnsystem« für potenziell sich anbahnende neue depressive Episoden.[26]

Auf der einen Seite mag dies sehr sinnvoll sein, auf der anderen Seite äußert sich darin eine kühle Rationalität: die einer Gesundheitspolitik, die langfristig Kosten sparen muss – vor allem in der neoliberalen Logik der Privatisierung. Individuen müssen deshalb frühzeitig damit beginnen, für ihre Gesundheit Verantwortung zu übernehmen. In den Worten der kritischen Soziologie haben wir es hier mit einer »sozialpolitischen Konstruktion eigenverantwortlicher Subjekte« zu tun, die in ihrem eigenverantwortlichen Handeln zugleich einen »Dienst an der Gesellschaft« leisten.[27] Oder anders gesagt: Wer morgens seine Runde joggt, rennt nicht nur gegen Bluthochdruck und Herzinfarkt an. Er trägt dazu bei, dass uns allen das Gesundheitssystem nicht irgendwann um die Ohren fliegt.

Gesundheit wird zu einer individuellen und sozial honorierten Leistung. Und just in dieser Wendung verbirgt sich die Erbarmungslosigkeit der moralischen Überfrachtung, wie sie der amerikanische Philosoph Michael Sanders in seiner Kritik der neoliberalen Leistungsideologie herausgearbeitet hat. Denn diese besagt, dass jeder und jedem das zukomme, was sie oder er durch eigene Anstrengung geleistet, erreicht, erarbeitet habe. Sanders sieht in diesem ethischen Ansatz eine Tyrannei verborgen. Zunächst ignoriere die Leistungsideologie konsequent die faktischen Einschränkungen und unterschiedlichen Voraussetzungen von individueller Leistung. So ist in Deutschland die schulische Bildung schockierend abhängig vom Elternhaus. Oder, bezogen auf die Achtsamkeitsbewegung, haben nicht alle die finanziellen und zeitlichen Möglichkeiten, jedes Jahr ein intensives Retreat zu besuchen. Vor allem aber zieht diese neoliberale Leistungsgerechtigkeit eine moralische Schlussfolgerung nach sich: »The implication is that those who do not rise will have no one to blame but themselves.«[28]

Genau dieselbe Schlussfolgerung ergibt sich aus dem gesellschaftskritischen Individualismus der Achtsamkeitsbewegung: Es ist und bleibt der eigene Geist die Wurzel allen Übels – und allen Glücks.

Eine streitbare Position

Wherever You Go, There You Are – mit dem Titel von Kabat-Zinns zweitem Buch lässt sich der gesellschaftskritische Individualismus der Achtsamkeitsbewegung auf den Punkt bringen: Egal wo und in welcher Gesellschaft das Individuum lebt, es ist beides zugleich – das Problem und die Lösung. Ich habe in diesem Kapitel zu zeigen versucht, auf welche Abwege sich die Achtsamkeitsbewegung durch diese Position begibt: Sie produziert erstens eine unüberwindbare, lähmende Kluft zwischen Individuum und Welt; sie führt zweitens zur Gefahr der politischen Sprachlosigkeit; sie verhindert drittens, die sozialen Effekte individueller Handlungen zu reflektieren, und sie führt viertens zu einer moralischen Überfrachtung des Individuums. Kurzum: Die dem Individuum zugeschriebene Macht kommt zu dem Preis einer Ignoranz der sozial und politisch strukturierten Welt. Die Kehrseite der Selbstermächtigung ist eine »Weltvergessenheit«.

Aus dieser Gleichzeitigkeit erklärt sich, wie Achtsamkeit zu einem solch umkämpften Begriff werden konnte. Und diese Gleichzeitigkeit verbindet Achtsamkeit auf paradoxe Weise mit dem neoliberalen Zeitgeist. Einerseits stemmt sich die Achtsamkeitsbewegung gegen eine Politik, die ökonomische Sachzwänge für »alternativlos« hält, um im globalen Wettbewerb zu bestehen. Gegen die von Margaret Thatcher ausgerufene Losung »There is no Alternative« ruft die Achtsamkeitsbewegung: »Doch, es gibt eine Alternative, im Hier und Jetzt!« Anderseits befindet sie sich damit in einer ungeheuren »methodologischen Nähe« zum Neoliberalismus: Beide propagieren das eigenverantwortliche Individuum als Lösung. Die von mir aufgezeigten Abwege des gesellschaftskritischen Individualismus sind zugleich Abwege des neoliberalen Denkens.

Obwohl ich mich der Arena der Achtsamkeit, wie eingangs beschrieben, mit einem großen Unbehagen genähert habe, halte ich es mittlerweile mit dem »Team Kritik«. Vielleicht stehe ich sogar im »Ultra-Block«. Denn ich verstehe meine Kritik als umfassender als die bekannteste Kritik der Achtsamkeit, wie sie von Ron Purser vorgetragen wird. Mit dem Begriff »McMindfulness« kritisiert Purser vor allem die ökonomische, warenförmige Achtsamkeit und damit jenen Achtsamkeitstyp, den ich im ersten Kapitel als *funktionalistische Achtsamkeit* bestimmt habe. Gerade was den Vorwurf der soziologischen Naivität angeht, völlig zu Recht.

Und trotzdem scheint mir die Fokussierung der Kritik auf diesen Typus unzulässig verengt zu sein: Die Achtsamkeit in Unternehmen wird disqualifiziert, um eine echte, wahre und gute Achtsamkeit zu retten, der es darum gehe, die »Wurzeln des Bösen« zu überwinden.[29] Allerdings ist der gesellschaftskritische Individualismus weder auf den Vorwurf der soziologischen Naivität noch auf die *funktionalistische Achtsamkeit* begrenzt. Meine Kritik trifft die Achtsamkeitsbewegung also in ihrer Breite. In allen von mir untersuchten Formen erliegt die Achtsamkeit dem Reduktionismus und begibt sich damit auf die geschilderten Abwege.

Ganz entscheidend ist es deshalb, den gesellschaftskritischen Individualismus als das anzuerkennen, was er ist: eine von vielen

Möglichkeiten, Selbst- und Weltveränderung zu denken. Auch wenn, wie im letzten Kapitel ausgeführt, die Achtsamkeitsbewegung mit ihrer »wissenschaftlichen Fundierung« wirbt – die Frage, wie gesellschaftliche Veränderung zu denken ist, hat wenig bis gar nichts mit den vermeintlichen positiven Effekten auf die Gesundheit zu tun. Der gesellschaftskritische Individualismus ist weder wissenschaftlich begründet noch unausweichlich oder gar alternativlos. Weshalb soziale Probleme wie Ungleichheit oder das beschleunigte Lebenstempo infolge von ökonomischen Wachstumsregimen gerade in meditativen Praktiken angegangen werden sollten und nicht etwa in gewerkschaftlicher Partizipation, bleibt vor allem eines: erklärungsbedürftig. Ob Achtsamkeit ein oder gar der Lösungsansatz sein sollte, ist keine empirische oder wissenschaftliche, sondern vorrangig eine gesellschaftlich zu bearbeitende Frage, also eine Frage, über die wir uns in der Öffentlichkeit streiten müssen. Und genau darum soll es im nächsten Kapitel gehen.

DIE KUNST, FREIER ZU SEIN

Wie wir Achtsamkeit begrenzen könnten

What is it to be born free and not to live free?

– Henry David Thoreau[1]

Wann immer mir die eine Frage gestellt wurde, und auch ich selbst stellte sie mir wieder und wieder, kam ich in Verlegenheit. Die Frage nämlich: *Wie hältst du's mit der Achtsamkeit?* Die Analyse und Kritik aus sicherer Distanz reichten mir als Antwort nicht aus. Sie fühlt sich an wie ein wichtiger, aber unvollständiger Schritt.

Deshalb bekommen Sie es ab jetzt mit meinen normativen Gedanken zu tun. Ich werde argumentieren, dass die Achtsamkeitsbewegung nicht nur lehrreiche Abwege offenbart, sondern die Übung der Achtsamkeit einen Beitrag leisten kann für ein gelingendes Leben. Statt die Achtsamkeit in toto zu verwerfen, will ich die Möglichkeiten einer Selbstpraxis ausloten, die die Kritik der vorausgegangenen Kapitel reflektiert.

Beginnen möchte ich mit einem Begriff, über den ich während meiner Auseinandersetzung mit der Achtsamkeit viel nachgedacht und gelernt habe: Freiheit. Als Versprechen durchzieht dieses schillernde Wort die gesamte Achtsamkeitsbewegung – implizit in der Gegenüberstellung von einer reaktiven Haltung, die als Zerstreuung oder Zwang kritisiert wird, und einer Fähigkeit, zu antworten, die durch Achtsamkeit eingeübt werden soll;

explizit, wenn der US-amerikanische Meditationslehrer Joseph Goldstein die Achtsamkeitsmeditation zur »Praxis der Freiheit« erklärt.[2] Freiheit ist aus Sicht der Achtsamkeitsbewegung nichts Formales oder Gegebenes. Es geht ihr um eine »wirkliche Freiheit«, eine Freiheit, die kultiviert und erst noch verwirklicht werden muss. Freiheit, so ließe es sich auf eine Formel bringen, ist Übungssache.

Ist diese Sehnsucht nach mehr Freiheit nicht verständlich, ja legitim? Denn auch wenn Freiheit das zentrale Versprechen der Moderne ist, trifft Henry David Thoreau mit seiner Frage einen wunden Punkt. Sind wir nicht oft gefangen in Rollen, bestimmt von unserer Herkunft oder unserem Milieu, viel zu verstrickt in den Mühlen des Alltags? Erleben wir nicht zahlreiche Notwendigkeiten und Zwänge, etwa in die Schule oder arbeiten gehen zu müssen? Bedrohen nicht die Klimakrise und die von Not und Krieg gebeutelte Welt unsere Freiheit und die der kommenden Generationen? Ist es nicht eine Herausforderung, angesichts all dessen nicht zu verzagen?

Es scheint mir zu einfach zu sein, das Freiheitsversprechen der Achtsamkeit komplett zu verwerfen, nur weil wir die Abwege der Achtsamkeitsbewegung – völlig zu Recht – kritisieren. Natürlich lehne ich es weiterhin ab, die Möglichkeit von Freiheit notwendig an die Übung der Achtsamkeit zu binden. Das wäre ja so, als würde ich plötzlich im Kauf von Bioprodukten eine hinreichend gewichtige Maßnahme sehen für die dringend benötigte Wende in der Landwirtschaft. Aber aus meiner entwickelten Kritik am gesellschaftlichen Individualismus folgt nicht, dass der Kauf von einem, sagen wir, biologisch erzeugten Apfel eine schlechte Idee ist. Es geht darum, welche Ansprüche, Hoffnungen und Konsequenzen mit der Übung von Achtsamkeit oder eben dem Kauf des Apfels verbunden werden – und darum, die Widersprüche, Konflikte und Vergeblichkeiten kritisch zu reflektieren.

Achtsamkeit, das will ich in diesem Kapitel zeigen, kann tatsächlich mit der in ihr kultivierten Freiheit etwas zum gelingenden Leben beitragen. Bisher aber strapaziert sie die Freiheit über Gebühr – und verengt sie im Modus des gesellschaftskritischen Individualismus zu einer rein innerlichen Freiheit. Der produktive Beitrag der Achtsamkeit lässt sich aber nur dann verteidigen, wenn wir sie richtig verorten. Wir müssen den Anspruch der achtsamen Freiheit begrenzen, um sie bejahen zu können. Wie man im Englischen sagen würde: *getting things in perspective*.

Um diesen Gedankengang zu entwickeln, werde ich in drei Schritten vorgehen. Zunächst wende ich mich dem Freiheitsbegriff der Achtsamkeitsbewegung zu und frage: Wie genau ist es zu verstehen, dass Achtsamkeit unsere Freiheit vergrößern soll? Und welche Freiheit überhaupt?

In einem zweiten Schritt argumentiere ich, dass die Sehnsucht nach mehr Freiheit zwar legitim ist, uns das Konzept innerer Freiheit aber auf eine falsche Fährte führt. Vielmehr müssen wir Freiheit aus ihrer individualistischen Verengung und aus der Enge des Privaten befreien. Wir müssen sie öffentlich und politisch denken! Und diese Freiheit lässt sich nicht auf dem Kissen üben, sondern nur in der Öffentlichkeit. Im dritten und letzten Schritt ziehe ich daraus die Konsequenz, dass der Ort der Achtsamkeit in der Sphäre des Privaten liegt – und hier Achtsamkeit als Übung der Selbstdistanz durchaus ihre Berechtigung haben kann.

Variationen achtsamer Freiheit

Wenn wir über Freiheit sprechen, dann sprechen wir meist von zwei eng miteinander verwobenen, aber zwei ganz unterschiedlichen Dingen. Auch die Variationen achtsamer Freiheit lassen sich entlang dieses »zweipoligen Kerns«[3] entschlüsseln. Zunächst aber: Was sind diese beiden Pole?

Den Begriff verwenden wir einerseits, wenn uns nichts aufgezwungen wird, wenn wir uns im Aikido von einem schmerzhaften Hebel »befreien«, wenn Sklaven die Ketten der brutalen Herrschaft sprengen oder wenn wir das erste Mal alleine zu Hause sind und uns niemand sagt, wann wir ins Bett zu gehen haben. Der erste Pol der Freiheit ist also eine Freiheit von Zwang oder eine »negative Freiheit«. Sie schützt uns *vor* äußeren Zumutungen.

Der andere Pol ist eine Freiheit *zu*, eine »positive Freiheit«. Diese erleben wir beispielsweise, wenn wir das erreichen, was uns wichtig ist, wenn wir uns nach unserem Gutdünken anziehen und das in unserer Freizeit machen, wonach uns ist, wenn wir als Jugendliche das erste Mal in die »weite Welt« fahren und sie erkunden. Diese Freiheit ist eine Freiheit der Selbstbestimmung. Sie trägt unsere Wünsche in die Welt.

Die eine stellt die Möglichkeit in den Vordergrund. Je weniger Hindernisse und Hürden mir im Wege stehen, desto freier bin ich aus der Perspektive negativer Freiheit. Die andere sieht Freiheit untrennbar verbunden mit einer Verwirklichung: Je mehr ich von dem in die Tat umsetzen kann, was mir wirklich wichtig ist, desto größer wird meine positive Freiheit.[4]

Zwischen diesen beiden Freiheitsbegriffen – der Freiheit *von* und der Freiheit *zu* – lässt sich auch die achtsame Freiheit bestimmen. Beginnen wir mit der ersten: Wovon soll uns die Übung der Achtsamkeit befreien?

Radikale Freiheit von Reaktivität?

Die Achtsamkeitsbewegung behauptet, es gebe ein großes Hindernis, das unserer Freiheit entgegensteht. Dieses liege in uns und ist, wie nach dem letzten Kapitel nicht überraschen dürfte, unser eigener Geist. Die These hat zunächst durchaus etwas für sich – und für alle, die es mal mit der Meditation versucht haben, eine nicht zu unterschätzende Überzeugungskraft. Denn eine häufig gemachte und vielfach in Achtsamkeitsbüchern reflektierte Erfahrung nach den ersten Meditationsversuchen ist: Der eigene Geist scheint außer Kontrolle zu sein. Man setzt sich hin, schließt die Augen und richtet die Aufmerksamkeit auf das Heben und Senken der Bauchdecke. Doch ehe man sich versieht, ist die Aufmerksamkeit mit etwas anderem beschäftigt: Man denkt, plant oder fantasiert – und das, ohne es zu bemerken. *Nicht mal fünf Minuten schaffe ich es, einfach nur meinen Atem zu beobachten?* Diese Feststellung, die manchmal sogar als erste Einsicht beschrieben wird, gleicht schon fast einer Kränkung, wie sie Sigmund Freud einst beschrieb: *Wir sind nicht mal Herr:in im eigenen Haus!*

Die Achtsamkeit stürzt sich mit voller Kraft auf diese innere Hürde der Freiheit: die Zerstreuung oder Gedankenverlorenheit. Und gerade hieraus erklärt sich die Hervorhebung der konzentrierten »Distanzierung«, »Beobachtung« oder »Loslösung« als entscheidende erste Fähigkeit der Achtsamkeit. Die Beobachtung der Atmung dient dazu, zu merken, wenn der Geist sich auf mentale Reisen begibt – »mind wandering«, wie es so treffend im Englischen und in der Achtsamkeitsbewegung heißt.

Dieses Moment der Konzentration und der inneren distanzierten Beobachtung ist allen Formen der Achtsamkeitsmeditation gemein, auch wenn es im distanziert-sezierenden Achtsamkeitstyp wie der *vipassana*-Meditation besonders akzentuiert wird. Und so entspann sich in mir, als ich 2014 im Retreat Stunde um Stunde abwechselnd meinen Atem und meine Fußsohlen möglichst distanziert beobachtete, ein einigermaßen abstruses, aber mir doch ungeheuer relevant erscheinendes Gedankenspiel. Ich fragte mich: Wenn ich diese Distanzierung immer weiter vorantreibe und nach und nach jeder Gedanke, Affekt oder Reiz von meiner gleichbleibenden, unbeeindruckten Achtsamkeit beobachtet wird – was bleibt dann noch? Von welchem inneren oder äußeren Impuls soll ich mich dann eigentlich beeindrucken oder bestimmen lassen? Welcher Impuls soll von einem Gegenstand der Beobachtung zu einem Ausgangspunkt einer Handlung werden? Bedarf dann nicht, andersherum gedacht, jede Bewegung und jede Handlung eines Moments der Unachtsamkeit?

Anders gesagt: Übt Achtsamkeit sich also darin, sich radikal von inneren Impulsen zu befreien? Treibt sie die negative Freiheit so auf die Spitze, dass alles gleich belanglos erscheint? Führt der Versuch, wieder Herr:in im eigenen Hause zu werden, gar dazu, nicht mehr auf die schlichte Frage antworten zu können: Was tun?

Freiheit zur Antwort

So faszinierend ich das Gedankenspiel nicht nur während des Retreats fand, sondern auch noch einige Jahre danach, so sehr verwundert mich das mittlerweile. Ich saß einem profunden Missverständnis auf.[5] Denn im gleichen Maße, wie in der Achtsamkeitsmeditation die Freiheit *von* Reaktivität betont wird, tritt auch eine positive Bestimmung von Freiheit hervor: die Freiheit *zur* Antwort. Tatsächlich durchzieht der Gegensatz zwischen *reaction* einerseits und *response* andererseits die verschiedenen Typen der Achtsamkeit. Die innere Distanzierung wird nicht als hinreichende, sondern als notwendige Bedingung von Freiheit bestimmt. Beide, die negative und die positive Freiheit, sind zwei Seiten einer Medaille. Achtsamkeit spricht die zweipolige Sprache der Freiheit, aber ich hörte sie lange nur mit einem Ohr.

Worin besteht nun diese zweite Seite, diese Freiheit zur Antwort? Das hängt ganz davon ab, mit welchem der drei Achtsamkeitstypen wir es zu tun haben.

Selbstbestimmung oder der innere Gerichtshof

Damit das Missverständnis, dem ich aufsaß, deutlich wird, möchte ich bei der *distanziert-sezierenden Achtsamkeit* etwas genauer hinschauen. Denn es gibt hier drei grundsätzliche Argumente, weshalb die Vorstellung einer radikal negativen Freiheit falsch ist:

1. die sittlichen Regeln als Rahmung der Praxis,
2. Achtsamkeit als Validierungsinstrument und
3. Achtsamkeit als Unterscheidungsvermögen.

Wer auf ein Retreat der *vipassana*-Meditation geht, muss gewöhnlich, wie ich auch, fünf sittliche Grundsätze befolgen (Pali: *panca-sila*). Zu diesen »Fünf Prinzipien« gehört beispielsweise, Lebewesen keinen Schaden zuzufügen oder keine »Rauschmittel« zu verwenden.[6] Diese sittliche Rahmung gilt als ganz grundsätzliche Voraussetzung, um überhaupt mit der Praxis zu beginnen. In einem Buch von U Pandita, Nachfolger des Reformers Mahasi und wiederum Lehrer meines damaligen Lehrers, steht ganz am Anfang zu den »Fünf Grundsätzen«: »Ihre Bedeutung kann nicht hoch genug eingeschätzt werden. Ohne sila können keine weiteren Praktiken unternommen werden.«[7] Die klaren Regeln stehen also einer grundsätzlichen Orientierungslosigkeit entgegen, sie rahmen die Praxis von Beginn an. Dieser Punkt verweist auf einen ganz generellen: Das ganze Setting des Retreats ist durchzogen von Regeln. Wann man aufsteht, wann und was man isst, wann man mit der Meditation beginnt, wann sie endet – all das ist vorgegeben. Das Retreat ist kein Ort der Orientierungslosigkeit, sondern ein Ort, der durchzogen ist von Struktur, Disziplin und der Autorität der Lehre und der Lehrenden.[8]

Neben diesem speziellen Fall im Retreat kommt nun, zweitens, der Achtsamkeit ganz grundsätzlich eine Validierungsfunktion zu. Diese deutet sich bereits im Pali-Ausdruck für Achtsamkeit, *sati*, an. Denn *sati* hat auch die Bedeutung von »Erinnerung«.[9] »Erinnerung« wird hier in dem Sinne verwendet, dass man sich in der Gegenwart an die buddhistische Lehre erinnert. Es geht also darum, Objekte in der Gegenwart als das zu erkennen, was sie aus buddhistischer Perspektive sind: beispielsweise als unbeständig. Der Religionswissenschaftler Erik Braun hat dies bei seiner Untersuchung zu Ledi Sayadaw, früher Vertreter des Buddhistischen Modernismus aus Myanmar, sehr treffend zusammengefasst: Achtsamkeit sei »eine Art doppelter Geisteszustand: die Erinnerung an buddhistische Wahrheiten verbunden mit dem Bewusstsein der unmittelbaren sinnlichen Erfahrung.«[10] Die Distanznahme ist deshalb lediglich als Bedingung dafür zu verstehen, die »Meditationsobjekte« so zu sehen, wie sie aus buddhistischer Sicht zu sehen sind. Wie bei der sittlichen Rahmung zeigt sich auch hier: Es geht von vornherein um eine Umorientierung – keineswegs um eine Orientierungslosigkeit gleichbedeutender Impulse.

Besonders deutlich wird dies beim dritten und letzten Aspekt: dem Unterscheidungsvermögen. Diesem Aspekt sind wir bereits im zweiten Kapitel begegnet. Dort hatte ich ausgeführt, dass Nyanaponika drei Funktionen der Achtsamkeit unterscheidet: die Erkenntnis, die Formung und die Befreiung. Gerade die Formung basiert auf dem Vermögen, unterscheiden zu können – und zwar zwischen unheilsamen und heilsamen inneren Zuständen. Achtsamkeit kommt also nicht nur die Funktion der Distanznahme zu, sondern vor allem die der Diskriminierung. Sie unterscheidet zwischen den bereits bekannten »Drei Wurzeln des Bösen« (Gier, Hass, Verblendung) und den diesen in der buddhistischen Lehre entgegengesetzten »Drei Wurzeln des Guten« (*kusala-mula*: Selbstlosigkeit, Wohltätigkeit und Verständigkeit). Gerade deshalb betont Nyanaponika, dass es sich bei der Achtsamkeit um eine »Rechte« oder »Richtige Achtsamkeit« (Pali: *samma-sati*) handele:

> Die Achtsamkeit wird hier als »recht« bezeichnet, weil sie den Geist von verfälschenden Einflüssen frei hält; weil sie Grundlage und Bestandteil rechter Erkenntnis ist; weil sie den Menschen lehrt, das »rechte Ding« in rechter Weise zu tun; und weil sie dem vom Buddha gewiesenen rechten Ziele dient: der Aufhebung des Leidens durch rechte Wirklichkeitserkenntnis und der Überwindung in einem selber von allem Unrechten, das seine Wurzel hat in Gier, Haß und Wahn [oben als Verblendung bezeichnet].[11]

Diese Bestimmung der Achtsamkeit als Unterscheidungs- oder Urteilsvermögen ist mit dem Bild zu vergleichen, das Immanuel Kant einst für die praktische Vernunft eingeführt hat, die für das moralische Handeln zuständig ist: ein innerer Gerichtshof. Achtsamkeit kommt hier die Rolle einer Richterin zu, die die Fälle aka Bewusstseinszustände, die ihr vorgelegt werden, abwägt und entscheidet, was gegen das Gesetz verstößt und was nicht. Das Gesetz ist hier nicht – wie bei Kant – ein kategorischer Imperativ, sondern die buddhistische Lehre: die Überwindung von Leiden und die Befreiung durch die systematische »Reinigung« des Inneren.[12] Die negative Freiheit der Distanz dient der Selbstkontrolle und damit einer sittlichen Selbstbestimmung. Es ist eine Freiheit *zu* einem »heilsamen« Lebensvollzug, die von Beginn an die Meditation begleitet.

Im Atelier

Die Freiheit der *interessiert-sorgenden Achtsamkeit* kommt idealtypisch bei Kabat-Zinn zum Ausdruck. Achtsamkeit dient im ersten Schritt dazu, nicht länger in dem gehetzten, unbewussten und reaktiven »doing mode« oder in der »Stressreaktion gefangen zu sein«, wie es Kabat-Zinn an einer Stelle wörtlich formuliert.[13] Diese Freiheit *vom* »doing mode« steht aber nicht für sich. Sie ermöglicht eine spezielle positive Freiheit, die »Freiheit der Kreativität«, »the freedom to be creative«.[14]

Die Freiheit der Kreativität hat es in sich. Denn sie geht mit einem spezifischen, ja einem romantischen Selbstbild einher. Der interessiert-sorgende Achtsamkeitstyp sieht uns als Künstler:in. In der romantischen, modernen Bedeutung steht ein:e Künstler:in für eine Person, die einzigartig ist und diese Einzigartigkeit artikuliert.[15]

Die achtsame Variante dieser Idee besagt nun, dass wir das Chaos in uns nicht beruhigen müssen, um ein sittliches Leben zu führen. Nein, diese Achtsamkeit behauptet, dass wir durch die innere Distanzierung etwas ganz Wesentliches freilegen, das »wahre Selbst«. Hier »erinnert« Achtsamkeit nicht an das »Rechte Handeln« und »Rechte Sprechen«, sondern daran, »was wir wirklich sind« und was »wir wirklich wollen«, kurzum: an unsere authentischen Wünsche. Der Mensch besitzt nach dieser Vorstellung eine unendliche »innere Tiefe«, eine nicht versiegende »innere Stimme«, die es zu erforschen und ergründen gilt. Wir üben die innere Distanz, um unser eigenes Maß zu entdecken.

Das Entscheidende ist: Es reicht nicht, das »wahre Selbst« zu erforschen. Nein, es drängt nach außen, es muss artikuliert werden. Das eigene Maß, das Achtsamkeitsübungen enthüllen sollen, ist zugleich der Maßstab für unsere Antwort oder Handlung. Die Selbsterforschung geht einher mit der Selbstverwirklichung. Beides zusammen macht die Kreativität aus.

Die Freiheit der Kreativität wird grundsätzlich nicht inhaltlich bestimmt. Wer wollte schon einer Künstlerin sagen, was sie zu malen, zu spielen oder zu formen habe! Auf die von ihm selbst gestellte Frage »Was ist meine Aufgabe auf diesem Planeten?«, antwortet Kabat-Zinn an anderer Stelle: »Unsere eigentliche Aufgabe besteht darin, diesen unseren Weg zu finden [to find *our own way*].«[16] Und ein anderer Vertreter dieses Achtsamkeitstyps, Jack Kornfield, versichert, auf die Frage, was wir tun sollen, gebe es »keine vorgegebene Antwort«, »das Herz antwortet uns, wenn wir zuhören«.[17] Dass es in der Meditation und im Buddhismus um eine authentische Selbstentfaltung ginge, dass wir also durch das Lauschen auf unser Inneres unseren eigenen Weg finden – das ist ein Gedanke, den Hermann Hesse wie kein anderer in seiner Erzählung *Siddhartha* popularisiert hat.[18]

Der *interessiert-sorgende* Achtsamkeitstyp gleicht also keineswegs einem »inneren Gerichtshof«, in dem strikt zwischen heilsamen und unheilsamen Handlungen geurteilt wird. Er gleicht einem »inneren Atelier«, in dem wir uns selbst erkunden, ausprobieren und ausdrücken können, um dann unser Inneres in die Welt zu tragen.

Am Lenkrad

Die positive Freiheit des funktionalistischen Achtsamkeitstyps weist eine ähnliche Struktur auf wie die *interessiert-sorgende Achtsamkeit*. Doch während soeben noch ein geheimnisvolles und Orientierung gebendes »wahres Selbst« im Atelier entdeckt, erforscht und artikuliert werden wollte, tritt in der *funktionalistischen Achtsamkeit* ein anderes »wahres Selbst« zutage, das weder rätselhaft noch unergründlich erscheint. Dieses »wahre Selbst« wird darüber definiert, dass es wählt und das tut, was es will.

Die Freiheit *von* inneren Störungen dient dazu, ungestört durchs Leben zu navigieren. Es hilft, besser zu lenken. Diese Freiheit ist eine Freiheit der Wahl. Je mehr Optionen wir uns »ermeditieren«, desto freier sind wir. Der Gründer der Google-Kurse Tan hat es an einer Stelle auf den Punkt gebracht: »Vom Zwang zur Wahl«.[19] Diese funktionalistische Achtsamkeit bietet weder ein äußeres noch ein inneres Maß an. Ob wir das Lenkrad nach links oder rechts drehen sollen – das ist ihr gleich. Hauptsache, wir sehen überhaupt die Optionen.

Ein Gedankenexperiment oder: Was stimmt nicht mit der achtsamen Freiheit?

Stellen wir uns vor, wir sitzen auf einem Stuhl in einem leeren, großen Raum. Alles ist weiß, die Wände, die Decke und der Boden. Das Einzige, was wir sehen können, sind in die Wand eingelassene Türen. Eine nach der anderen, unzählig viele. Alle sind verschlossen. »Wo sind wir?«, fragen wir erschrocken in die Leere. Da ertönen Stimmen.

Die negative Freiheit sagt: »Ihr befindet euch gerade in einem Zustand radikaler Unfreiheit, es stehen euch keinerlei Möglichkeiten offen. Aber je mehr Türen ihr aufschließt oder eintretet, desto freier seid ihr.«

»Das mag sein«, wendet die positive Freiheit ein. »Aber nicht jede Tür hat die gleiche Bedeutung für euch. Manche Türen führen in eine Abstellkammer, andere in eine Welt ohne Arbeit, wieder andere auf eine Straße ohne Geschwindigkeitsbegrenzung. Nicht die Anzahl offener Türen an sich, sondern durch die bedeutsamen Türen zu gehen, diese Möglichkeiten auch zu verwirklichen – das ist Freiheit.«

Als wir uns gerade erheben wollen, gewillt, die erste Tür zu zertrümmern, ertönen mahnende Worte mehrerer Stimmen. »Moment«, sagt die Achtsamkeitsbewegung, »wartet kurz. Wir können uns gut vorstellen, dass ihr gerade aufgebracht seid und euch viel durch den Kopf geht. Kann es sein, dass ihr überstürzt handelt, euch von euren Gefühlen steuern lasst? Wir raten euch, euch noch mal hinzusetzen und euch zu besinnen. Wenn ihr nicht innerlich frei seid – woher wollt ihr dann wissen, welche die richtigen Türen sind?«

»Stimmt«, antworten wir, »wir sind tatsächlich gerade aufgebracht. Es kann sicherlich nicht schaden, uns kurz zu besinnen.« Wir setzen uns hin und lenken die Aufmerksamkeit auf den noch etwas schnellen und kurzen Atem. Nach einiger Zeit beruhigt sich der Gedankenwirbel langsam, wir sehen unsere missliche Lage etwas klarer.

»Und jetzt?«, fragen wir.

Wir hören ein unverständliches Gemurmel. »Hallo?«

»Entschuldige, aber wir sind uns gerade nicht ganz einig.«

»Na gut«, antworten wir, »welche Vorschläge gibt es denn?«

Die *distanziert-sezierende Achtsamkeit* prescht vor: »Hemmt Gier, Hass und Verblendung, kontrolliert alles, was Leid in die Welt bringt, und fördert alles in euch, was Leid vermeidet.«

»Okay, und die zweite Option?«

»Lauscht auf eure innere Stimme«, hören wir nun die *interessiert-sorgende Achtsamkeit* sagen. »Sie wird den Weg weisen.«

Die *funktionalistische Achtsamkeit* schließt sich direkt an und machts kurz: »Entscheidet euch einfach.«

***

Die Antworten haben jeweils spezifische Probleme und ein ganz grundsätzliches.

Hörten wir auf die *distanziert-sezierende Achtsamkeit*, müssten wir zunächst einige Stunden, Tage und Monate meditieren, bis wir endlich unser verunreinigtes Selbst ein wenig gezügelt hätten. Auch stellt diese Position die Bedeutsamkeit der Türen grundsätzlich infrage. Zumindest, solange wir nicht sicher wissen, wohin sie uns führen. Vielleicht ist der Raum, in dem wir gefangen sind, gar nicht so schlecht, um unbehelligt an der endgültigen Befreiung zu arbeiten?

Hörten wir hingegen auf den Rat der *interessiert-sorgenden Achtsamkeit*, bestünde die Gefahr, uns in dieser »Reise nach innen« zu verlieren. Woher können wir eigentlich wissen, dass die Stimme im Inneren wirklich unsere authentische innere Stimme ist, von der die Rede war? Und wenn, wie der Achtsamkeitslehrer Nhat Hanh schreibt, aus der Achtsamkeit heraus alles zu einem künstlerischen Akt werden kann, dann ist vielleicht auch das Sitzen in diesem Raum – eine Kunst?[20]

Bleibt also noch die *funktionalistische Achtsamkeit*. Und hier müssen wir feststellen: Sie ist uns keine Hilfe bei der Frage, was wir wählen sollen, sondern führt uns unsere Lage nur umso drastischer vor Augen. »Vom Zwang zur Wahl« – das Motto dieser Achtsamkeit zeigt nun eine fast schon komische zweite Bedeutung: den Zwang, wählen zu müssen. Gerade die kürzeste Antwort steht auf den wackligsten Beinen. Denn die Konzeption ergibt nur Sinn, solange wir unsere Ziele und Präferenzen klar vor Augen haben. Haben wir das nicht oder verunklaren wir sie durch die achtsame Selbstdistanzierung, dann bleiben wir auf uns zurückgeworfen.

Die Weltabwendung, die Annahme innerer Transparenz und das auf sich zurückgeworfene Selbst – das sind die spezifischen Gründe, weshalb die Variationen achtsamer Freiheit nicht überzeugen können. Vor allem aber trifft sie ein grundsätzlicher Vorbehalt. Sie geben zwar (wenig überzeugende) Antworten auf die Frage, wie wir wieder Chef:in im eigenen Haus werden. Sie stellen aber gar nicht die Frage, wer eigentlich den Raum gebaut hat, in dem wir über die Freiheit nachdachten. Anders gesagt: Die achtsame Freiheit reduziert die Freiheit auf eine *innere Freiheit*. Warum das ein Problem ist und wie wir aus dieser Verengung herauskommen – genau darum soll es jetzt gehen.

Wider den Eskapismus: Exkurs über die Freiheit

> Was bedeutet es, von König Georg frei zu sein, aber weiterhin Sklave von König Vorurteil? Was bedeutet es, frei geboren zu sein, aber nicht frei zu *leben*? Welchen Wert hat politische Freiheit, wenn sie nicht Mittel ist für moralische Freiheit? Ist es die Freiheit, Sklave zu sein, oder die Freiheit, frei zu sein, auf die wir stolz sind?[21]

> Befreiung bedeutete ausschließlich die Befreiung von äußeren Mächten [...]. [E]s war im Grunde eine *politische Befreiung*. [...] Tatsächlich ist die Befreiung von äußerer

> Herrschaft notwendig[.] Aber die einseitige Betonung der äußeren Befreiung richtete auch großen Schaden an. [...] Man vergaß dabei vollständig, daß der Mensch zum Sklaven werden kann, ohne in Ketten zu liegen. [...] Die äußeren Ketten werden einfach nach innen verlegt.[22]

Das erste Zitat stammt von Henry David Thoreau Mitte des 19. Jahrhunderts – eine Zeile von ihm leitete bereits den Beginn dieses Kapitels ein. Das zweite ist von Erich Fromm und wurde ein gutes Jahrhundert später verfasst. Beiden Zitaten liegt eine ähnliche Bewegung zugrunde: Sie erkennen die Notwendigkeit einer äußeren Befreiung an – bei Thoreau personifiziert durch den britischen König Georg III. (1738–1820) – und kritisieren sie zugleich als unvollständig. Echte Freiheit wäre nur dann verwirklicht, wenn die äußere Befreiung in einer inneren Freiheit münde.

Dieses Motiv der Gesellschaftskritik kennen wir seit der Romantik – und auch die Achtsamkeitsbewegung segelt auf diesen Gewässern. Tatsächlich gibt es gewichtige Argumente, in der äußeren Befreiung nicht nur ein Versprechen zu sehen, sondern auch ein Problem. Aber auch wenn die Achtsamkeitsbewegung auf dieses Problem der Freiheit reagiert, vermag ihre Antwort nicht zu überzeugen. Ich möchte diese These mit einem kleinen Exkurs über die Untiefen moderner Freiheit begründen und drei ganz zentrale Fragen klären:

1. Warum stellt die moderne Freiheit nicht nur ein Versprechen dar, sondern auch ein Problem?
2. Warum überzeugt es nicht, die Antwort auf dieses Problem in einer inneren Freiheit zu sehen?
3. Wie sollten wir Freiheit stattdessen denken?

Das Problem der Freiheit

Freiheit ist für das gelingende Leben ganz entscheidend – und für die modernen Gesellschaften gilt dies ganz besonders. Denn sie ist beides: konstitutiv für den Menschen als auch für das »Projekt der Moderne«, welches die Freiheit »zur Blüte, am liebsten sogar zur Vollendung bringen will«.[23] Ihrem Selbstverständnis nach verspricht die Moderne, alle Ketten zu zerstören, in denen uns der Aufklärer Jean-Jacques Rousseau liegen sah.

Das große Versprechen der Moderne geht jedoch mit ihrem Scheitern, dem Umkippen, der begrenzten Realisierung einher. Ja, ich würde sogar sagen, dass die Soziologie gerade diese Schattenseiten nicht realisierter Freiheit zum Thema hat, vor allem in der Kritischen Theorie oder Frankfurter Schule.[24]

Die Ambivalenz der modernen Freiheit möchte ich am Beispiel eines frühen und später abtrünnigen Vertreters dieser Schule ausführen: Erich Fromm. Er eignet sich besonders, weil er eine aufschlussreiche und erschreckend aktuelle Kritik moderner Freiheit formuliert. Zugleich aber, wie wir soeben gesehen haben, tendiert er zu einer Verengung der Freiheit. Es ist also kein Zufall, dass Fromm großes Interesse an buddhistischer Meditation hatte und die buddhistische Achtsamkeitsmeditation des bereits bekannten Nyanaponika propagierte.[25]

Erich Fromm analysiert die Freiheit in seinem Erstlingswerk *Escape from Freedom* (dt., leider ungenau übersetzt: *Die Furcht vor der Freiheit*). Das Jahr der Veröffentlichung 1941 verweist schon auf den zeitgeschichtlichen Kontext: Fromm wollte mit seiner Analyse der Freiheit unter anderem das Auftreten der autoritären Bewegungen im Allgemeinen und des Nationalsozialismus im Besonderen erklären. Aber der Reihe nach.

Erich Fromm sieht die Freiheit zunächst als eine grundsätzliche Bedingung des Menschseins. Menschen im Vergleich zu anderen Tieren entwickeln nach Fromm ab der Geburt eine Unabhängigkeit zur Welt. Während Tiere instinkthaft und zeitlebens eine Einheit mit der Natur bilden, wird der Mensch mit dem Aufwachsen zunehmend weniger von der Umwelt bestimmt. Die Individuation, wie Fromm diesen Prozess nennt, geht also mit einer Zunahme an negativer Freiheit einher, er wird zunehmend frei *von* »der Determination des Verhaltens durch Instinkte«.[26]

Diese für den Menschen grundlegende Eigenschaft steht nun in einem dynamischen Verhältnis zu den gesellschaftlichen Bedingungen, in denen sich die Individuation vollzieht. Während die Freiheit lange Zeit gesellschaftlich blockiert wurde, ändert sich das mit dem Beginn der Neuzeit gründlich: mit der Reformation, der Aufklärung und dem Siegeszug der kapitalistischen Wirtschaftsweise. Nach und nach verliert die kosmologische Ordnung an Überzeugungskraft; Revolutionen erschüttern die ständischen Gesellschaften, die dem Einzelnen einen Platz in der Gesellschaft zuwiesen; die Natur übt immer weniger Gewalt über den Menschen aus, vielmehr beherrscht der Mensch zunehmend die Natur; Religionen verlieren ihre Macht, die Welt und den Menschen zu deuten. All das, so lautet die Analyse Fromms, radikalisiert die negative Freiheit des modernen Menschen, er wird von immer weniger bestimmt.[27]

Um es alltagspraktischer zu formulieren: Wen wir heiraten und ob, welchen Beruf wir wählen und wo wir wohnen, was wir kaufen und was wir schauen oder hören, in welche Welt wir beim Lesen eintauchen und was überhaupt Kunst kann, wie wir beerdigt werden – all das ist nicht mehr strikt durch das Milieu, die Klasse oder den Stand vorherbestimmt. Der Möglichkeitshorizont ist ein radikal größerer als der vor wenigen Jahrhunderten. Nicht überall, nicht für alle, aber im Großen und Ganzen.

Umgekehrt heißt das aber auch: Wir müssen uns entscheiden. Die Freiheit von Zwang befreit uns nicht von dem Zwang, sich selbst zu bestimmen und zu wählen.[28] Die Ambivalenz der Freiheit nennt Fromm das »Doppelgesicht der Freiheit«. Diese andere Seite beschreibt er – und hier taucht nicht der Soziologe, sondern der Psychoanalytiker Fromm auf – als eine drohende Orientierungslosigkeit, Isolation und Ohnmacht. So wie ein Neugeborenes frei wird von der unmittelbaren Symbiose mit der Mutter und damit radikal abhängig ist von Zuwendung, Sorge und Ernährung, so ergibt sich auch für den freien Menschen der Moderne die Notwendigkeit, sich zur Welt in Beziehung zu setzen. Denn ganz ohne Bindungen entstehe ein Zustand beängstigender, Furcht einflößender Isolation. Freiheit, so konstatiert Fromm, sei ein »zwiespältiges Geschenk«.[29]

An dieser Stelle stehen wir nun mit Fromm vor einer Weggabelung: die eine ist die Flucht vor der Freiheit. Und weil der Mensch nichts mehr fürchte als die Isolation, fliehe er vor der Freiheit, argumentiert Fromm. Eine Möglichkeit stellt für ihn die »Flucht ins Autoritäre« dar, in der die Isolation durch eine neue Symbiose mit einer Nation oder einem charismatischen »Führer« überwunden wird; eine andere die »Flucht ins Konformistische«, mit der er vor allem die Massen- und Konsumgesellschaft der Vereinigten Staaten in den Blick nimmt. Die Vereinzelung werde dadurch überwunden, dass man den gesellschaftlichen Erwartungen des normalen Lebens entspreche, etwa der »Normalbiografie« von Ausbildung, Ehe, Haus und Familie.

Wohin aber führt der andere Weg an der Weggabelung? Es ist für Fromm der Sprung in die »ganze Freiheit«, wenn also aus der negativen eine positive Freiheit wird. Diese gründe sich »auf die Einzigartigkeit und Individualität des Menschen«, eine

»Verwirklichung seines individuellen Selbst«.[30] Seine Konzeption positiver Freiheit ähnelt stark der zuvor als eine Variation der achtsamen Freiheit ausgemachten: die der kreativen Selbstverwirklichung der *interessiert-sorgenden Achtsamkeit*.

Sosehr ich Fromms Analyse im Kern teile – und es gibt spannende Versuche, diese auf das gegenwärtige Erstarken autoritärer Bewegungen anzuwenden[31] –, seine Lösung des Freiheitsproblems gleitet ab in die Verengung. Neben den von Fromm ausgemachten Fluchtmechanismen gibt es, wie ich meine, noch eine Form des Eskapismus: die Flucht ins Innere.

Die Flucht ins Innere

Was irritiert so an der Emphase innerer Freiheit, wenn Fromm, wie eingangs zitiert, etwa schreibt, »daß der Mensch zum Sklaven werden kann, ohne in Ketten zu liegen«? Viel zu spielerisch werden die Verhältnisse, in denen Sklaven leben, gleichgesetzt mit dem Zustand, innerlich nicht voll frei zu sein. Bei Fromm ist es gar mehr als eine Gleichsetzung: Denn etwas später heißt es: »Die äußeren Ketten nimmt der Mensch wenigstens wahr, der inneren Fesseln aber wird er sich viel weniger bewußt, so daß er mit der Illusion, frei zu sein, gefangen lebt.«[32]

Diese Verengung auf eine innere Freiheit hat der einflussreiche politische Philosoph Isaiah Berlin leidenschaftlich kritisiert. Berlin arbeitet sich dabei vor allem an der philosophischen Strömung der Stoa ab, die mit ihrer Betonung der Seelenruhe, Gelassenheit oder innerer Unerschütterlichkeit (gr.: *ataraxia*) gegenwärtig ein Revival erlebt. Diese innere Freiheit, warnt Berlin mit einiger Verve, »ist nicht jene, die Menschen verlieren, wenn sie ins Gefängnis gesperrt oder versklavt werden«. Wenn diese Unterscheidung vermischt werde, »besteht in der Theorie die Gefahr einer Verwechslung und in der Praxis die Gefahr der Rechtfertigung von Unterdrückung im Namen der Freiheit«.[33]

Für Berlin stellt dieser »Rückzug in die innere Zitadelle«, wie er es nennt, zwar eine durchaus legitime Sehnsucht nach Sicherheit, aber keine elementare Freiheit dar. Schlimmer noch: Werde innere Freiheit politisch verstanden, dann könne Freiheit bedeuten, nichts mehr zu wollen, und eine Begrenzung negativer Freiheit könne dann nicht mehr als Freiheitsentzug aufgefasst werden. Daher sei die innere Freiheit auch vereinbar mit der Vorstellung eines »freien Sklaven«.[34] Letzteres sollten wir natürlich nicht Fromm unterstellen, der wie Berlin leidenschaftlicher Kritiker des Totalitarismus und Despotismus war.

Und doch hat Berlin einen Punkt: Wenn beispielsweise die Freiheit der *distanziert-sezierenden Achtsamkeit* letztlich in einer Wunscheliminierung mündet, dann wird der elementarste Begriff der Freiheit unterlaufen. Diese Gefahr besteht auch für die anderen Achtsamkeitstypen: Wer sich zu sehr mit inneren Hürden auf der Suche nach den authentischen Wünschen beschäftigt, der verliert potenziell den Blick für den kategorialen Unterschied zwischen einer inneren Hürde und einer Gefängnismauer.

Ganz ähnlich wie Berlin und sogar noch schärfer warnt zur selben Zeit die politische Theoretikerin Hannah Arendt davor, Freiheit mit einer »inneren Freiheit« zu verwechseln. Gleich zu Beginn ihres Aufsatzes »Politik und Freiheit« findet sich eine bemerkenswerte Passage. Ich möchte sie daher in ganzer Länge wiedergeben:

> Noch weniger meine ich die sogenannte innere Freiheit, in die man vor einem äußeren Zwang ausweicht; sie ist historisch ein spätes und sachlich sekundäres

> Phänomen. Ihr liegt ein Rückzug aus der Welt zugrunde, bei dem man gewisse Erfahrungen und Ansprüche in das eigene Innere verschleppt, welche ursprünglich in dem Außen der Welt ihren Platz hatten und von denen wir nichts wüssten, hätten wir sie nicht erst einmal als weltlich-greifbare Wirklichkeit kennengelernt.[35]

Arendt warnt nicht nur vor der »inneren Freiheit«, sie erklärt sie auch soziologisch als ein Ausweichen von »einem äußeren Zwang«.[36] Für Arendt, und darauf werde ich noch zurückkommen, ist Freiheit immer und notwendig nur zwischen Menschen zu finden, weshalb sie die innere Freiheit nicht als Freiheit bestimmen kann. Und dieser Ansatz ist ja durchaus einleuchtend. Wenn die äußere Welt uns keine Möglichkeiten bietet, uns in ihr einzubringen, wenn jegliche Individualität sich direkt ummünzt als einen äußeren Zwang (etwa durch das Verbot: »Das macht man nicht!«) – wie kann dann die Welt als Ort der Freiheit gedeutet werden?

Ein Beispiel im Kontext der Meditation finden wir bei dem Bewusstseinsphilosophen Thomas Metzinger. In seinem Buch *Bewusstseinskultur* schlägt er angesichts der drohenden Klimakrise Meditation als adäquate Antwort vor und wirbt für ihre Einführung in Bildungseinrichtungen. In der Fernsehsendung *Sternstunde Philosophie* begründet er das unter anderem damit, dass er nicht mehr glaube, die Demokratie sei in der Lage, diese Probleme zu lösen. Gerade das, so könnte man nun mit Arendt sagen, ist ein Beispiel dafür, wie ein äußerer Anspruch ins Innere »verschleppt« werde. Da die Welt die Lösung blockiert, erscheint das Innere als Ort der Freiheit.[37]

Wenn Arendts These aber zutrifft – dass der Wunsch nach innerer Freiheit von erfahrener Ohnmacht in der Welt zeugt –, muss ich meinen an die Achtsamkeitsbewegung herangetragenen Vorwurf der politischen Sprachlosigkeit neu formulieren: Die innere Freiheit der Achtsamkeitsbewegung produziert zwar eine Sprachlosigkeit, aber das Aufkommen der Achtsamkeit ist selbst eine Folge einer Krise der Demokratie. Genauer gesagt: Die Achtsamkeitsbewegung passt mit ihrem gesellschaftskritischen Individualismus zwar zur neoliberalen Ideologie, ist aber zugleich Folge einer neoliberalen Gesellschaft. Zum einen folgt das aus dem neoliberalen TINA-Mantra »There Is No Alternative«, das auf die britische Premierministerin Margaret Thatcher zurückgeht. Denn wenn ökonomische Sachzwänge als alternativlos gelten, um im existenziellen Wettbewerb zu bestehen, blockiert das umfassende politische Veränderungen. Eine Entwicklung, die etwa unter dem Stichwort »Postdemokratie« kritisiert wird.[38]

Zum anderen folgt diese gesellschaftliche Sprachlosigkeit aus dem neoliberalen Freiheitsbegriff und der neoliberalen Vorstellung gelingenden Lebens selbst: Beide werden privatisiert. Diese Privatisierung ist eine Folge davon, wenn wir Freiheit vorrangig negativ bestimmen. Zwar ist dies eine klassischerweise im Liberalismus vertretene Position, die vor allem die Abwesenheit von Hürden und den Schutz des Privaten vor staatlichen Eingriffen betont. In den letzten Jahrzehnten hat sich aber eine ganz spezielle Spielart dieser hervorgetan, die als libertär bezeichnet werden kann. Sie sagt im Kern: Ich will machen, was ich will.[39] Das heißt aber wiederum, dass wir die Frage des gelingenden Lebens wie eine Frage des individuellen Lebensstils behandeln, den wir nach unseren Wünschen frei gestalten können – flankiert von einer Vielzahl von psychologisch informierten Ratgebern und Lifestylekanälen auf Instagram und Co.

Das gute Leben erscheint als das Ergebnis von individuellen Konsumentscheidungen, nicht aber als ein gemeinschaftlich erkämpftes, diskutiertes oder ausgehandeltes verbindliches Miteinander. Die Philosophin Barbara Muraca bringt diese Kritik illustrativ so auf den Punkt: »Wir entscheiden nicht demokratisch, unter welchen Bedingungen etwas produziert wird, sondern versuchen indirekt durch unser Kaufverhalten das Angebot an Produkten zu beeinflussen. [...] Wir bestimmen nicht die allgemeinen Bedingungen landwirtschaftlicher Produktion, sondern kaufen höchstens Bioprodukte.«[40] Und natürlich muss ich jetzt ergänzen: Wir bestimmen nicht die Bedingungen unserer Arbeitswelt, sondern meditieren höchsten morgens gegen das drohende Ungemach des Tages an.

Was aber, so müssen wir dann fragen, ist eine Alternative zu dieser vermeintlichen Alternativlosigkeit?

Politische Freiheit, oder *Die Freiheit, frei zu sein*

Der Sprung, den ich nun mit Ihnen gemeinsam für das Verständnis der Freiheit vorhabe, lässt sich an einer prägnanten Formel veranschaulichen: *Die Freiheit, frei zu sein.* Diese Formel war bereits in dem längeren Zitat von Henry David Thoreau versteckt, mit dem ich dieses Unterkapitel einleitete. Auch wenn Thoreau diese Formel als Erster verwendete, so ist sie vor allem mit einem kleinen Büchlein ins Rampenlicht gerückt: *Die Freiheit, frei zu sein* aus dem Nachlass von Hannah Arendt.

Die Formel steht bei beiden für ganz unterschiedliche Freiheitsbegriffe. Bei Thoreau kippt es nach dem Komma von außen nach innen. Es ist die äußere oder politische Freiheit, innerlich frei zu sein. Nicht so bei Hannah Arendt. Die Formel bleibt mit beiden Beinen, wenn man so will, fest in der Welt verankert.[41] Deutlich wird dies in der folgenden Passage:

> [D]a Befreiung ja tatsächlich eine Bedingung für Freiheit ist – wenngleich Freiheit keineswegs zwangsläufig das Ergebnis von Befreiung ist –, ist es schwer zu entscheiden, wo der Wunsch nach Befreiung, also frei zu sein von Unterdrückung, endet und der Wunsch nach Freiheit, also ein politisches Leben zu führen, beginnt.[42]

Die Befreiung bezeichnet zunächst die Freiheit *von* despotischer Herrschaft, die die Menschen in Angst und Schrecken versetzt, und, wie sie etwas später schreibt, von Elend. Erst durch diese doppelte Befreiung – die Freiheit *von* Furcht und von Elend – mündeten, wie sie in ihrem Aufsatz zeigt, Revolutionen in einer demokratischen Gesellschaft. Die *Freiheit*, frei zu sein, ist daher eine negative Freiheit, wie sie für liberale Traditionen typisch ist.

Die Freiheit, *frei zu sein*, aber bestimmt Arendt ebenfalls politisch. Sie steht damit im Kontrast sowohl zu den liberalen Positionen eines Isaiah Berlin oder des Neoliberalismus als auch zu Verfechter:innen innerer Freiheit. Diese politische Freiheit besteht darin, gemeinsam mit anderen für und über die Dinge zu streiten, die alle etwas angehen. »Ursprünglich«, so ist Arendt überzeugt, »erfahre ich Freiheit und Unfreiheit im Verkehr mit anderen und nicht im Verkehr mit mir selbst. Frei *sein* können Menschen nur in Bezug aufeinander, also nur im Bereich des Politischen und des Handelns; nur dort erfahren sie, was Freiheit positiv ist und dass sie mehr ist als ein Nicht-gezwungen-Werden.«[43]

Diese Verankerung der Freiheit folgt aus der Einsicht, dass wir als Menschen niemals ein für uns selbst genügendes, isoliertes Individuum sind. Im Gegensatz zu diesem »unabhängig Individuum«, das vor allem von männlichen Philosophen und Liberalen immer wieder vorausgesetzt wurde – gründet ihr Denken in der Überzeugung einer ganz notwendig geteilten Welt: »Es gibt kein menschliches Leben, auch nicht das Leben des Einsiedlers in der Wüste, das nicht, sofern es überhaupt etwas tut, in einer Welt lebt, die direkt oder indirekt von der Anwesenheit anderer Menschen zeugt.«[44] Da wir aber eingebunden sind in eine geschaffene Welt, besteht für Arendt Freiheit gerade darin, diese mit-schaffen und verändern zu können.[45]

Beide – die negative wie die positive Freiheit – stehen in einem dynamischen Verhältnis, wie in der Bemerkung deutlich wird, dass es schwer zu entscheiden sei, wann genau die negative in die positive Freiheit des politischen Lebens übergehe. Bei den Zitaten von Fromm und Thoreau erscheint die politische Befreiung als gegebene Tatsache, auf die jetzt eine innere folgen müsse. So ein statisches Verhältnis beider Freiheiten führt aber in die Irre. Denn so übersehen wir leicht, wo überall auch in freien Gesellschaften noch die Befreiung im Fokus stehen müsste. Wenn beispielsweise Alleinerziehende mit prekären Jobs ihre Familien über Wasser halten und nebenbei noch die gesamte Sorge-Arbeit übernehmen – dann ist wahrscheinlich die Freiheit von Furcht (vor Jobverlust) oder von Elend (Kleider, Kino et cetera) vorrangig.[46]

Diese »Dynamisierung der Freiheit« betrifft auch das für unseren neoliberalen Zeitgeist so populäre Politikverständnis. Demnach regeln Politiker:innen für uns die Dinge, damit wir möglichst ungestört unsere Ziele verfolgen können. Die positive Freiheit dieser Freiheit verengt sich dann auf die Wahltage, an denen wir unsere Stimme »abgeben«. »Regiert wird hier nicht durch«, wie der Philosoph Henning Ottmann etwas zugespitzt schreibt, »sondern *für* das Volk.«[47] Dieses liberale Demokratieverständnis, wie Ottmann es nennt, tendiert dazu, dass Parteien und Politiker:innen um Stimmen werben. Und mich erstaunt es immer wieder, wie sehr sich das politische Werben der ökonomischen Werbung angeglichen hat: Beide versprechen meistens, das Leben für die Bürger:innen oder Kund:innen zumindest etwas leichter zu machen.

Wenn wir aber mit Arendt Freiheit als Mitgestaltung denken, dann müssen wir auch dieses Verhältnis von Bürger:innen und Politik anders denken. Arendt schwebt ein republikanisches Demokratiemodell vor, das heißt eine Demokratie, in der, wie Ottmann schreibt, »durch das Volk« regiert werde. Diese Vorstellung ersetzt weder die Repräsentation durch Politiker:innen noch Wahlen. Es setzt aber den öffentlichen Diskurs als das unerschütterliche Fundament der Demokratie.

Die Freiheit, frei zu sein, ist deshalb eine Freiheit, die ihren Ort in der Öffentlichkeit hat. Die Öffentlichkeit ist der Raum für die Auseinandersetzung über die gemeinsame Welt – und nicht für private Erlebnisse, wie sie heute ja so häufig auf den sozialen Plattformen veröffentlicht werden.

Als Alternative zu einer Flucht ins Innere können wir mit Arendt also eine emphatische Bejahung der politischen Partizipation sehen. Und hier gäbe es sehr viel zu tun, angefangen bei der politischen Bildung an Schulen, die dafür sensibilisieren müssten, wie sehr unsere Welt eine gemeinsame, von Politik durchzogene Welt ist: von den kleinen Bordsteinkanten, die für manche Barrieren darstellen, über die Unpünktlichkeit deutscher Bahnen bis hin zum europäischen Emissionshandel.

Besonders attraktiv und vielversprechend für eine wirksame Stärkung der Partizipation scheint mir das Konzept von Bürger:innenräten zu sein. In diesen erarbeiten zufällig ausgewählte Bürger:innen für eine bestimmte Zeit Lösungsvorschläge für spezifische Themen. Diese Form politischer Mitgestaltung erfuhr in den letzten Jahren immer mehr Aufmerksamkeit. Bekannt wurde zum Beispiel der 2019 in Frankreich eingesetzte

Bürger:innenrat, der Wege zur Minimierung von CO_2-Emissionen aufzeigte. Die Vorschläge der Bürger:innen waren deutlich ambitionierter als die von Präsident Macron anvisierten Maßnahmen. Leider zeigt dieses Beispiel auch, dass die Idee von Bürger:innenräten steht und fällt mit der tatsächlichen Umsetzung oder zumindest der effektiven Beeinflussung der darauffolgenden Gesetzgebung. Wenn, wie in Frankreich geschehen, dies ausbleibt, könnte gerade die politische Ermächtigung zu einer weiteren politischen Enttäuschung führen.[48]

So skizzenhaft das hier auch bleiben muss – ich hoffe, ich habe damit den fundamentalen Unterschied der Freiheitsverständnisse markiert: Es geht in einer so verstandenen politischen Freiheit gerade nicht darum, seine Stimme abzugeben oder seine Meinung zu veröffentlichen, sondern darum, seine Stimme öffentlich erheben zu können und über die besten Lösungen der gemeinsamen Welt zu streiten.

Die Sphäre der Achtsamkeit

Die Freiheiten der Achtsamkeit hatte ich im ersten Abschnitt dieses Kapitels mit drei Bildern symbolisiert: einem Gerichtshof für die kritische Selbstprüfung, das Atelier für die kreative Verwirklichung des einzigartigen Selbst, das Lenkrad für die freie Fahrt des eigenen Willens. Wer aber, so kann man nach der Kritik im letzten Abschnitt fragen, hat die Gesetze für das Gericht geschrieben? Wer subventioniert eigentlich künstlerische Arbeit und schützt ihre freie Ausübung? Wer baut welche Straßen, auf denen wir fahren, und für wen?

Freiheit muss primär und zuvorderst als die Gestaltung einer geteilten Welt verstanden werden – sie hat ihren Platz in der Welt und nicht in einem begrenzten, isoliert gedachten Raum wie dem Gericht, dem Atelier oder am Steuer. Gerade dadurch können wir die Sehnsucht der Achtsamkeit nach mehr Freiheit aufnehmen und sie zugleich von ihrem heillos überhöhten Anspruch lösen.

Was aber bleibt dann von der achtsamen Freiheit?

Achtsamkeit als private Praxis

Ich möchte behaupten, dass Achtsamkeit nicht zu unpolitisch, sondern zu politisch ist. Ihre radikale Politik besteht darin, zu entpolitisieren. Sie übersetzt im Modus des gesellschaftskritischen Individualismus die Probleme der Welt in eine Aufgabe für das Individuum und sieht im Inneren den Ort der Verwirklichung voller Freiheit. Gerade dadurch überschreitet sie aber ihre Grenzen: Sie nutzt die Öffentlichkeit, um ins Private zu verweisen – und höhlt damit die Öffentlichkeit aus.

Die Übung und der Wert der Achtsamkeit sind damit aber nicht hinfällig. Die in ihr kultivierte Selbstdistanz kann etwas zum gelingenden Leben beitragen, wie ich nun zeigen möchte. Sie kann es aber nur, wenn wir sie begrenzen. Die Sphäre der Achtsamkeit ist die des Privaten. Hier – und nur hier – findet sie ihren legitimen Platz.

Ich möchte das an einem ganz alltäglichen Beispiel illustrieren: das Radfahren in einer Großstadt. In einer Großstadt Rad zu fahren, ist bekanntlich eine gefährliche Sache. Einem lieb gewonnenen Menschen zum Abschied »Fahr bitte vorsichtig!« zu sagen, wäre für mich eine angemessene private Äußerung, eine politische Überzeugung als Abschiedsgruß hingegen eher befremdlich: »Das Fahrradfahren ist hier die Hölle, da die Verkehrspolitik der letzten Jahrzehnte lediglich die Autofahrenden im Blick hatte, obwohl dies doch auf Kosten lebenswerter Städte geht und die Wohlhabenden privilegiert. Mach's gut!« Befremdlich an dem öffentlichen Sprechen in einer privaten Situation ist, dass wir das Allgemeine im anderen sehen, nicht seine Individualität und das Besondere zwischen uns: die Freundschaft. Die private Aussage »Fahr bitte vorsichtig!« entpolitisiert keineswegs das politische Problem der Städteplanung. Sie entpolitisiert dann, wenn sie in einer öffentlichen Situation gemacht wird, wenn also zum Beispiel eine Politiker:in, auf die Probleme des Radverkehrs angesprochen, empfehlen würde, vorsichtig zu fahren.

Angewendet auf die Achtsamkeitsbewegung: Ich könnte – auch wenn ich mich da sehr zurückhalte – einem Freund raten, ein wenig zu meditieren, wenn er mir davon erzählt, dass sein Leben etwas aus den Fugen gerät. Was gänzlich anderes ist es, wenn die Kultusminister:innenkonferenz auf die Bildungskatastrophe reagiert, indem sie Achtsamkeitsübungen für Lehrende empfiehlt. Dann kann ich Maike Finnern, Vorsitzende der Gewerkschaft Erziehung und Wissenschaft (GEW), nur beipflichten, wenn sie sagt: »Das ist blanker Hohn!«[49]

Die Sphäre der Öffentlichkeit unterscheidet sich also erheblich von der Sphäre des Privaten durch den Anlass und die Art und Weise des Sprechens. Das öffentliche Sprechen zeichnet sich dadurch aus, dass es sich mit dem auseinandersetzt, was uns alle angeht; das private Sprechen durch das, was mich als Individuum in der konkreten Situation betrifft.

Wie verschränkt beide Sphären sind, lässt sich gut an »Grenzsituationen« verdeutlichen, wie der Philosoph Karl Jaspers Erfahrung von existenzieller Not wie Alter, Krankheit und Tod bezeichnete. Obwohl sie unvermeidliche existenzielle Erfahrungen sind, haben sie auch eine politische Dimension. Die Lebenserwartung hängt davon ab, wo wir geboren werden und in welcher sozialen Schicht. Die Coronapandemie hat uns gezeigt, wie politisch die Ausbreitung und die Auswirkungen von Krankheiten sind. Und wie gravierend die Auswirkungen sein können, je nachdem, in welchem Zustand sich das Gesundheitssystem befindet oder ob Impfstoffe erhältlich sind. All das ist politisch. Und über all das müssen wir öffentlich streiten.

Gleichwohl bleibt die Erfahrung von Leid in einem existenziellen Sinne unvermeidlich. Eine Praxis wie die Achtsamkeit, die sich in einem gelasseneren Umgang mit der Vergänglichkeit des Lebens und konkretem Leiden übt, muss nicht zwangsläufig die politischen Probleme privatisieren. Vielleicht hilft sie ja manchen Menschen tatsächlich, der Unsicherheit des Lebens etwas den Schrecken zu nehmen.

Und vielleicht schärft die medizinische Achtsamkeitsbewegung die Sinne dafür, dass zum Beispiel im Klinikalltag »die gelebte Erfahrung der Patienten gar keinen Raum hat«, wie der Achtsamkeitsforscher Paul Grossman in einem Interview sagt.[50] Just diese Tatsache aber spricht nicht für die Achtsamkeit als Lösung, sondern für eine bessere Gesundheitspolitik.

Wenn ich für die Unterscheidung von öffentlich und privat votiere, heißt das also keineswegs, dass ich einem Rückzug ins Private das Wort rede. Ich plädiere vielmehr dafür, die Sphären nicht zu verwischen. Welchen spezifischen Wert hat die private Sphäre und im Speziellen Achtsamkeit als private Praxis?

Ein Lob der Selbstdistanzierung

Mein Votum für die Trennung von öffentlicher und privater Sphäre ist eine riskante Sache. Denn die Spaltung der Lebenswelt in öffentlich und privat zählt zu den zentralen Angriffspunkten feministischer Kritik: Mit dem Slogan »Das Private ist politisch!« bekämpfte der Feminismus gerade das von der Privatsphäre verdeckte Unrecht. Aus dem Kampf gegen das Unrecht unter dem Deckmantel der Privatsphäre folgt jedoch nicht, dass der Wert der Privatsphäre gänzlich aufgegeben werden sollte. Im Gegenteil, wie die Philosophin Beate Rössler schreibt: »Wir können und wollen uns in modernen Gesellschaften ein Leben, das nur in der Öffentlichkeit geführt wird, nicht vorstellen.«[51] Das Recht auf Privatsphäre sichert einen geschützten Raum. Er schützt uns im wortwörtlichen Sinne als ein Ort, in dem wir uns zurückziehen. Und er schützt in einem übertragenen Sinne, dass wir frei sind, die Musik zu hören, die wir wollen, oder eine Religion auszuüben oder abzulehnen.

Dieser individuelle Schutzraum widerspricht einer politischen Vorstellung von Freiheit keineswegs. Vielmehr, so argumentiert Rössler, ist er eine ganz grundlegende Bedingung dafür, dass wir selbstbestimmt in der Öffentlichkeit agieren können. Stünden wir permanent unter dem Druck der Öffentlichkeit oder unter sozialer Beobachtung, könnten wir uns unserer eigenen Stimme nicht gewiss werden. Gerade die ist aber entscheidend, damit überhaupt sinnvoll in der demokratischen Öffentlichkeit verschiedene Positionen verhandelt werden können. Mehr noch: Gerade die Aushandlung unterschiedlicher Perspektiven ist der Sinn einer emphatisch verstandenen Öffentlichkeit.[52]

Und gerade hier kann vor allem ein Aspekt der Achtsamkeitsübung einen Beitrag leisten: die Selbstdistanzierung.

Das Eigentümliche an der achtsamen Selbstdistanzierung ist, dass wir sie dort üben, wo wir am meisten bei uns sind. Bei der Selbstdistanzierung, die wir im Konzert oder auf dem Berg, erfahren, öffnen wir unsere Sinne. Und wenn wir lesen, tauchen wir ein in andere Welten. Bei der achtsamen Selbstdistanzierung hingegen verschließen wir im wörtlichen Sinne die Augen und beschränken unsere Imagination. Wir sperren die Welt aus. Wir wenden uns nach innen, um von der Welt und von uns Abstand zu gewinnen. Das macht das Eigentümliche, ja Paradoxe der Achtsamkeit aus: Sie ist ein Selbstbezug und Selbstentzug zugleich. Eine Welt- und Selbstdistanzierung.

Während die Weltdistanzierung uns einen Schutzraum bietet, ermöglicht uns die Übung der Selbstdistanzierung, der Vorstellung von uns und von der Welt an Eindeutigkeit zu nehmen. Was uns zuvor noch klar und deutlich schien, stellt sich nach einem Moment der Distanzierung vielleicht als relativ, kontingent oder flüchtig dar oder als eine Perspektive unter anderen. Der klare Blick der Achtsamkeit offenbart im Moment der Selbstdistanzierung Unschärfe.

Die Übung der Selbstdistanzierung hilft, von Zeit zu Zeit der Welt ihre Schärfe zu nehmen, und entwickelt das, was der britische Romantiker John Keats als »negative Befähigung« oder *negative capability* beschrieb – »wenn ein jemand fähig ist, das Ungewisse, die Mysterien, die Zweifel zu ertragen, ohne alles aufgeregte Greifen nach Fakten und Verstandesgründen«.[53]

In Zeiten von Fake News kann ich nur betonen: Auf die Dosis kommt es an. Ab und an sich selbst und die Welt zu verunklaren, führt nicht auf Abwege, sondern ermöglicht Offenheit. So schreibt der Präsident der Deutschen Forschungsgemeinschaft, Peter Strohschneider, in einem Gastbeitrag zu dem wissenschaftlichen Ethos: »Zu dieser [wissenschaftlichen] Haltung gehört Ehrlichkeit und Irritierbarkeit durch die Welt und das, was andere über sie wissen. Und sie erfordert die Fähigkeit, von sich selbst auch Abstand nehmen zu können[.]«[54]

Wir dürfen nur nicht mit der Achtsamkeitsbewegung gehen und die Selbstdistanzierung lediglich als Schwelle hin zu einer inneren Freiheit begreifen. Aus der Selbstdistanzierung würde dann unter der Hand eine Selbstzentrierung – durch die Suche nach einem »wahren Selbst« oder die asketische Arbeit an der Selbstüberwindung.

Ob man über diese Schwelle in die Verengung geht, dafür gibt es einen einfachen Lackmustest: der Sinn für Humor. »Wer ihn zeigt«, schreibt der Philosoph Martin Seel, »weiß vor allem über sich selbst zu lachen. Wer ihn zulässt, versetzt sich durch eine spontane Regung in eine Distanz zu sich selbst. In solchem Humor meldet sich ein unwillkürliches Bewusstsein davon, [...] dass es da, wo man selbst steht, keinen sicheren Stand gibt.«[55]

Mit dem humorvollen Lachen tut sich die Achtsamkeitsbewegung schwer. Sie lächelt lieber gelassen. Aber nicht das Lächeln, sondern das befreiende, meist spontane Lachen zeugt davon, dass wir es mit der Selbstdistanz ernst meinen und uns durch die Selbstzuwendung nicht in uns selbst verfangen. Man kann sogar behaupten: »Die Bereitschaft, die eigenen Positionen – unter anderem im Lachen – zur Disposition zu stellen, [...] ist ein Herzstück der Demokratie.«[56]

DAS RASCHELN — IN DER — STILLE

Fragmente eines gelingenden Lebens

Das Leben kann man nicht verlängern,
aber wir können es verdichten.
– Roger Willemsen

Fortschritt! So lautete die optimistische Verheißung der Moderne. Sie stand dafür, dass die jeweilige Gegenwart eine Verbesserung gegenüber der Vergangenheit und die Zukunft wiederum ein Versprechen gegenüber der Gegenwart darstellte. Mittlerweile leben wir in einer Zeit der Umbrüche und schwindenden Gewissheiten. In einer Zeit, in der die Klage über das Gehetztsein entgegen allen Verheißungen nicht verstummt. Und in einer Zeit, in der sich der Fortschritt in eine Klimakatastrophe zu verkehren droht. Die Sache mit dem gelingenden Leben: Sie bleibt kompliziert.

Die Achtsamkeitsbewegung schreibt sich auf die Fahne, eine einfache Lösung für das verworrene und mitunter überfordernde Leben gefunden zu haben: eine Rückbesinnung auf das Hier und Jetzt. Doch haben die vergangenen Kapitel gezeigt, dass diese vermeintlich einfache Antwort selbst eine komplexe und in vielerlei Hinsicht verstrickte Angelegenheit ist. Trotz der Abwege, die sich bei der Analyse der Achtsamkeit aufgetan haben, und trotz der notwendigen Begrenzung ihres Geltungsanspruchs, die ich im letzten Kapitel vorgenommen habe, möchte ich nun fragen: War da nicht mehr? Was ist mit meiner heimlichen Faszination für diese eigentümliche Haltung der Achtsamkeit? Der erfahrenen Stille? Den Momenten filigraner Aufmerksamkeit? Dem Gefühl von Weite?

Wenn ich behaupten möchte, dass in der Achtsamkeit auch etwas Wertvolles aufscheint, das über die Grenzen der privaten Erfahrung hinausgeht – wie kann ich als Soziologe überhaupt darüber sprechen? Der rein subjektive Erfahrungsbericht taugt dafür genauso wenig wie ein Werbeblock, abgesehen davon, dass es von beidem ohnehin schon (zu) viele gibt. Ebenso wenig zielführend ist es, aus einer abstrakten Theorie über das gelingende Leben abzuleiten, dass aus diesen und jenen Gründen Achtsamkeit dieser Theorie entspräche. Wir sollten weder Achtsamkeit der Frage nach dem gelingenden Leben überstülpen noch umgekehrt.

Mein Lösungsvorschlag ist: Ich betrachte die mir wertvoll erscheinenden Aspekte der Achtsamkeit als Ausgangspunkt für einen soziologischen Lern- oder Reflexionsprozess. Ich nutze meine spärliche Erfahrung mit der Achtsamkeit und mein Nachdenken über sie als Anstoß, um über sie hinauszudenken. Wie also veränderte sich mein Blick auf gesellschaftliche Probleme durch meine Beschäftigung mit der Achtsamkeit? Welche Konzepte lassen sich aus diesem »neuen Blick« entwickeln, die auch unabhängig von der konkreten Praxis legitim sein könnten?

Dasselbe Verfahren ließe sich natürlich auf andere Praktiken anwenden: Beim Wandern beginne ich vielleicht anders über die Natur nachzudenken und nach einem Umzug von der Stadt ins Dorf ändert sich möglicherweise mein Blickwinkel auf die Verkehrspolitik. Von Erfahrungen ausgehend über sie hinauszudenken, erhöht wahrscheinlich in unserer Authentizitätskultur die eigene *credibility*. Letztlich kommt es aber auf überzeugende

Argumente an, die sich im weiterführenden Diskurs außerhalb der eigenen Bubble bewähren müssen.

Im Folgenden werde ich drei solcher Denkfragmente wagen. Dabei gehe ich jeweils von einer skizzenhaften Szene aus, in der etwas aufschimmert, das mir für das gelingende Leben wertvoll erscheint: das Konzept einer *offenen Gegenwart*, die Idee einer *intensiven Stille* und der *Sinn für das Unbemerkte*. Von diesen Skizzen ausgehend, frage ich, wie sich diese Facetten zu unserer Gegenwartsgesellschaft verhalten und ob sie sich nicht in eine Sprache übersetzen ließen, die für den öffentlichen und politischen Streit anschlussfähig ist.

Eine offene Gegenwart

Am Abend setzen wir uns hin, um zu meditieren. Wir stellen den Wecker auf 20 Minuten, richten den Oberkörper auf, entspannen die Schultern und legen die Hände entspannt vor den Körper. Nach einem tiefen Ein- und Ausatmen schließen wir die Augen und richten unsere Aufmerksamkeit auf die Atmung, wir versuchen genau und kontinuierlich zu beobachten, wie sich die Bauchdecke hebt und senkt, hebt und … Schon verlieren wir uns in Gedanken. Ist die Atmung nicht ein recht ungewöhnlicher Vorgang? Ein Zwitterwesen? Wir können die Luft anhalten oder langsamer, kürzer, tiefer oder flacher atmen. Gibt es eigentlich noch andere Prozesse, bei denen es einen so schmalen Grat gibt zwischen dem vegetativen und dem willkürlichen Nervensystem? …

Uns fällt ein, dass wir ja eigentlich gerade nicht über die Atmung nachdenken, sondern sie beobachten wollten. Also rücken wir sie wieder ins Bewusstsein und lassen sie geschehen. Es gelingt uns sogar, für ein paar Atemzüge voll bei der Sache zu bleiben. Wir spüren eine leichte Spannung, während sie den Bauch ausdehnt, ein leichtes Kribbeln, wenn er sich zusammenzieht, bemerken eine kurze Pause zwischen den Atemzügen. Als sich neue Gedanken anfangen zu drehen, versuchen wir, sie als Gedanken, die wie Wolken am Himmel vorbeiziehen, wahrzunehmen und uns wieder auf den Atem zu besinnen. Ohne Erfolg: Jetzt überlegen wir, was wir am Nachmittag bei dem Gespräch alles hätten sagen müssen, erinnern uns an die ganzen Punkte auf der To-do-Liste, die wir heute nicht geschafft haben, nehmen uns fest vor, in Zukunft mehr Sport zu machen, weil es so ja auch nicht mehr weitergehen kann, und geraten fast in Panik, als uns einfällt, was uns morgen alles blüht.

Mitten im Schwirren realisieren wir, dass wir eigentlich beobachten wollten, wie der Atem unsere Bauchdecke hebt und senkt. Also versuchen wir es erneut. Das Knie macht auf sich aufmerksam, wieder einmal. Doch diesmal schaffen wir es, das leichte Pochen auf der Innenseite wahrzunehmen, kurz dabei zu verweilen und dann wieder zum Heben und Senken der Bauchdecke zurückzukehren. Und während wir die Atmung beobachten, steigt plötzlich ein Gefühl von Weite auf, von Präsenz, etwas verankerter im Hier und Jetzt zu sein. Als der Wecker klingelt, öffnen wir die Augen. Und irgendwie kommt uns der morgige Tag weit weg vor.

***

Es überrascht nicht, in unserer schnelllebigen Zeit immer wieder die Klage zu hören, das Leben gleiche einem Hamsterrad. Die Klage über das Lebenstempo – sie gehört untrennbar zum Repertoire der Kritik an der Moderne, allerspätestens, seitdem die erste Eisenbahn 1835 von Nürnberg nach Fürth fuhr und angesichts der unvorstellbaren 30 Stundenkilometer zu besorgten Warnungen der Medizin führte. Die Geschwindigkeit sei für das Gehirn zu hoch – Reisenden und Zuschauenden drohe eine geistige Unruhe, das *delirium furiosum*.[1]

Die Klage äußert sich in unserer Zeit neben dem omnipräsenten »Stress« im Ruf nach Entschleunigung: Ob *Slow Food*, *Slow Travel* oder *Slow Sex* – dem gehetzten Leben wird ein verlangsamtes Leben entgegengestellt, in Form von Oasen, in denen ein anderes Tempo herrscht. Auch die Achtsamkeitsbewegung, darauf habe ich mehrfach hingewiesen, stimmt in das Klagelied über die Schnelligkeit des Lebenstempos mit ein. Es wäre aber unpräzise, sie als eine Entschleunigungsbewegung aufzufassen. Klar: Auch hier finden sich Übungen, die das Tempo von Bewegungen radikal drosseln. Aber bemerkenswert ist, dass in der Achtsamkeitspraxis, wenn sie gelingt, ein anderes Zeitverständnis und -verhältnis aufscheinen kann.

Welche Art von Gegenwart kultiviert also die Meditation?

In der Sitzmeditation, wie ich sie skizzenhaft beschrieben habe, entsteht ein Zeitverhältnis, das man als *offene Gegenwart* bezeichnen könnte. Diese *offene Gegenwart* steht in einem eigentümlichen Kontrast zu der in unserer Gesellschaft vorherrschenden rasenden, rastlosen und bedrängten Jetzt-Zeit. Ich möchte diesen Kontrast an drei Aspekten der *offenen Gegenwart* näher beleuchten:

1. Der *Synchronisierung* zwischen dem Hier und Jetzt, während die Beschleunigungsgesellschaft das Hier und Jetzt aufspaltet.
2. Dem Moment des *Nachhallens*, für den die Jetzt-Zeit unserer Gesellschaft wenig Nachsicht hat.
3. Der Emphase des *Anfangen-Könnens*, die der blockierten Zukunft der Jetzt-Zeit mit Zuversicht trotzt.

Synchronisierung

Warum um alles in der Welt, so haben Sie sich vielleicht beim Lesen der Skizze gefragt, dreht sich die Achtsamkeit so sehr um die Atmung, wenn sie doch ohnehin geschieht? Die Antwort ist, denke ich, ganz einfach:

Die Atmung erinnert uns daran, dass wir körperliche Wesen sind. Wenn es immer wieder heißt, Achtsamkeit bedeute, im Hier und Jetzt zu leben, dann ist damit zuvorderst gemeint, sich auf das Sinnliche zu besinnen. Neben der Atmung wird das daran deutlich, dass den Körperempfindungen beim Meditieren eine große Rolle beigemessen wird, egal ob Emotionen, Affekte oder Stimmungen während der Übung auftreten. Das Hier und Jetzt der Achtsamkeit ist vor allem eine leibliche Gegenwart.

In unserer Gegenwartsgesellschaft hingegen haben wir es zumeist mit einer radikalen Desynchronisierung zu tun. Auch wenn die Mobilität in den vergangenen Jahrzehnten extrem zugenommen hat, heißt das nicht, dass wir uns schneller oder mehr bewegen, sondern dass wir schneller und weiter bewegt werden – von Zügen, Autos, Flugzeugen und bald vielleicht von kleinen Kapseln, die mit Überschallgeschwindigkeit durch einen von Elon Musk entwickelten *Hyperloop* geschossen werden. Und zugleich können wir uns beispielsweise qua Videocall in Echtzeit an so gut wie jeden anderen Ort der Welt beamen.[2]

Wir nähern uns einem Zustand an, den der französische Philosoph Paul Virilio 1990 in seinem Essayband *Rasender Stillstand* prognostizierte: eine radikale Desynchronisierung von Körper und Geist. Diese ist gekennzeichnet durch den paradoxen Zustand einer entgrenzten kognitiven Bewegung einerseits und einen unbewegten Körper anderseits. Man könnte sogar sagen: Die Jetzt-Zeit unserer Gesellschaft basiert gerade auf einer Stillstellung des Körpers, da dessen Begrenztheit und Trägheit die entgrenzte Beschleunigung hemmt – wie die Alpen einst den Verkehr. In der »Gegenwart der Simultanität«, so ein Begriff des Literaturwissenschaftlers Hans Ulrich Gumbrecht, wird das Hier und Jetzt radikal entkoppelt zugunsten des Jetzt.[3]

Während also unsere Gesellschaft das (körperliche) Hier und (kognitiv-mediale) Jetzt spaltet, verweigert sich die Sitzmeditation zumindest für einige Minuten oder Stunden der Jetzt-Zeit, um das Hier und Jetzt zu synchronisieren. Daraus entsteht das, was in der meditativen Welt als »Einssein« beschrieben wird: Geist und Atmung verbinden sich plötzlich, vergleichbar mit dem merkwürdigen Effekt, wenn wir in einem Zug sitzen und neben uns ein Zug mit gleicher Geschwindigkeit fährt. Das Schwirren im Geiste löst sich auf, und es entsteht so etwas wie Präsenz.[4]

Die Akzeptanz des Nachhalls

Wenn es, wie ich in der Skizze beschrieb, in der Sitzmeditation darum geht, bei der Sache zu bleiben, stellt sich uns spätmodernen Menschen vor allem eine Hürde: unser schwirrender Geist.

Das Schwirren ist ein ganz charakteristisches Gefühl unserer Zeit. Denn die Jetzt-Zeit unserer Beschleunigungsgesellschaft ist eine verdichtete. Gegenüber den vergangenen Jahrzehnten und Jahrhunderten sind die Möglichkeiten, die wir im Jetzt haben, förmlich explodiert. Zugleich basiert unsere Beschleunigungsgesellschaft auf einem systematischen Druck, die zur Verfügung stehende Zeit zu intensivieren, Pausen und Leerzeiten zu untergraben. Der Zeitsoziologe Hartmut Rosa beschreibt dieses Lebensgefühl als ein unermüdliches Anlaufen gegen »Rolltreppen nach unten«: »Wann und wo immer wir anhalten oder innehalten, verlieren wir an Grund gegenüber einer hochdynamischen

Umwelt, mit der wir überall in Konkurrenz stehen. Es gibt keine Nischen oder Plateaus mehr, die es uns erlauben, innezuhalten oder gar zu sagen: ›Es ist genug.‹«[5]

Solange wir aber körperliche Wesen sind, geht diese Verdichtung der Zeit nicht spurlos an uns vorbei. Wir sind kein Uhrwerk, dem es egal ist, wie schnell es sich dreht. Beschleunigen wir unseren Gang, beginnen wir bald zu rennen, und beschleunigen wir ein Musikstück, wird es ein anderes, bis wir schließlich nur noch ein Surren hören. Zwar hat der moderne Mensch, wie der Soziologe Georg Simmel in seinen Studien zur Großstadt beschrieb, durchaus die Fähigkeit, sich an die neuen Reizfluten anzupassen und die Spuren, die die Eindrücke, Reize und Erlebnisse in ihm hinterlassen, nicht zu tief werden zu lassen.[6] Doch etwas bleibt hängen, wie wir zum Beispiel merken, wenn wir abends im Bett liegen und plötzlich, nicht unähnlich zur Szene der Meditation, das Schwirren des Geistes offenbar wird.

Die Verringerung von »Spuren« ist durchaus eine Fähigkeit, die mit der Achtsamkeitsmeditation in Verbindung steht. So betonen vor allem die Protagonist:innen der *funktionalistischen Achtsamkeit*, dass Achtsamkeit den Geist beschleunige. Chade-Meng Tan, der Gründer des Google-Kurses *Search Inside Yourself*, illustriert dies mit einer Szene aus dem Film *Matrix*, in der wir in einer Superzeitlupe bestaunen können, wie die Hauptfigur Neo Kugeln ausweicht. Wie für die Szene in *Matrix* eine ganz spezielle Filmtechnik notwendig war – die *Bullet-Time*-Technik –, so sorgt für Tan eine spezielle Selbsttechnik dafür, die Wahrnehmung zu beschleunigen und die äußere Welt wie in Zeitlupe ablaufen zu lassen: die Meditation.[7]

Aber die Meditation minimiert nicht nur die Spuren. Sie räumt ihnen einen Raum ein. Wir lassen in der Meditation am

Abend zu, dass die erlebte Zeit nachhallt; und wir lassen zu, dass sich das Echo des Tages allmählich verflüchtigt. Die Übung besteht darin, zwischen Klang und Echo zu unterscheiden und sich langsam bewusst zu werden, dass wir gerade in einem ruhigen Raum sitzen. Und wenn wir Glück haben und sich das Echo ein wenig verflüchtigt, dann bleibt etwas, das weder Ruhe noch Unruhe, weder Anspannung noch Entspannung ist, sondern ein eigentümlicher Zustand der Weite. Diese zeichnet sich durch ein ganz besonderes Zeitverhältnis aus: durch das Gefühl, in eine Art Zeitlosigkeit einzutauchen, eine Zeit des Nicht-Mehr und des Noch-Nicht. Eine leichte Zeit, die nicht beschwert ist vom Grübeln über das Verpasste, Missglückte oder Nichterreichte des ausklingenden Tages. Und eine sorgenfreie Zeit, in der das Dringliche des nächsten Tages noch in weiter Ferne liegt.

Neuanfang

Es ist kein Zufall, dass die Meditation nicht nur am Abend, sondern vor allem am Morgen empfohlen wird. Nach dem Schlaf zu meditieren, kommt praktisch wie symbolisch eine besondere Bedeutung zu: Es unterstreicht den Neuanfang.

Der Morgen symbolisiert das, was der japanische Zen-Meister Suzuki als »Anfänger-Geist« bezeichnet. Jon Kabat-Zinn paraphrasiert Suzuki, wenn er in seinem Kapitel »Früh am Morgen« vorschlägt, »das Hier und Jetzt als eine Fülle von Möglichkeiten [zu] sehen«. Die meditative Gegenwart schließt die Zukunft nicht aus, sondern begreift sich als Ausgangspunkt für etwas Neues. Deutlich wird dies besonders in einem Zitat von Henry David Thoreau, dem wir im Verlauf des Buches mehrfach begegnet sind und den Kabat-Zinn auch in diesem Zusammenhang zitiert: »Morgen ist, wenn ich aufwache und der Tag in mir emporsteigt. [...] Auf die Beschaffenheit des Tages selbst einzuwirken, das ist die höchste aller Künste.« (Im englischen Original klingt die Passage poetisch kraftvoller: »Morning is when I am awake and there is a dawn in me. [...] To affect the quality of the day, that is the highest of arts.«[8]) Aus dieser Emphase spricht die Überzeugung, dass die Zeit nicht nur abläuft, sondern sich die Möglichkeit von Veränderung in der Gegenwart öffnet.

Mich erinnert die in ihr geübte Unterbrechung der rasenden Jetzt-Zeit an das, was Hannah Arendt Natalität nannte: dass mit der Geburt etwas Neues in die Welt kommt und ebendiesem »Neuankömmling«, wie sie schreibt, immer und immer wieder »die Fähigkeit zukommt, selbst einen neuen Anfang zu machen«.[9] Natürlich war für Arendt diese menschliche Natalität etwas, das sich vorrangig im gemeinsamen Handeln und damit im öffentlichen Raum zeigt. Aber aus dieser Philosophie spricht grundsätzlich eine beeindruckend zuversichtliche Haltung. Diese Überzeugung, einen Anfang machen zu können, ermahnt uns, handelnd in die Welt einzugreifen – und erinnert an die individuelle Verantwortung, die daraus erwächst.

Gegen die Gegenwartsverfangenheit

Vielleicht ist es genau das, was uns heute fehlt: das Bewusstsein, einen Anfang machen zu können. Denn was bleibt von der Verheißung des Fortschritts angesichts der Klimakrise und einer immer stärker angegriffenen liberalen Demokratie? Zeigte sich das Fortschrittsversprechen in der Hoffnung und Überzeugung einer ganzen Generation, dass es den Kindern und Enkelkindern einmal besser gehen würde, so hofft nun eine Mehrzahl der Eltern, dass es den Kindern nicht wesentlich schlechter gehen möge.[10] Statt einer verheißungsvollen, offenen Zukunft haben wir es mit einer bedrohlichen, blockierten zu tun. Zwar mühen wir uns im Hamsterrad ab, aber wir kommen nicht wesentlich weiter.[11] Pointiert bringt diese Diagnose der Sozialpsychologe Harald Welzer auf den Punkt: »Es geht [...] nicht mehr um die Gestaltung einer offenen Zukunft: Aller Schwung ist dahin. Es geht nur mehr um Restauration; um die Aufrechterhaltung eines schon brüchig gewordenen Status quo, in diesem Sinn nicht mehr um Politik, sondern um hektisches Basteln.«[12]

Die Gegenwart der Meditation ist weder isoliert noch geschlossen, ignoriert weder Vergangenheit noch Zukunft. Sie übt sich in einer *offenen Gegenwart*, die den Nachhall zulässt und einen Neuanfang markiert.[13] Die *offene Gegenwart* versucht erst gar nicht, die abhandengekommene Zukunft im Sinne des Fortschrittsversprechens zu rehabilitieren. Sie ist weder utopisch noch dystopisch. Wohl aber trotzt sie der gegenwärtigen Ohnmacht und Richtungslosigkeit mit Zuversicht. Wer zuversichtlich ist, erwartet nicht, dass dieses oder jenes zu einem bestimmten Zeitpunkt eintritt. Zuversicht ist vielmehr – und in den Worten der Philosophin Corine Pelluchon – eine eigentümliche »Gewissheit, dass trotz Enttäuschungen und verpassten Begegnungen, Verzögerungen und Rückschritten etwas geschieht, das dem Lauf der Dinge eine neue Wendung gibt und einen Fortschritt bewirkt«.[14]

Die *offene Gegenwart* ist zudem kritisch gegenüber der Vorstellung, wonach alles wichtig ist, nur weil es gerade jetzt ist. Sie steht in einer gewissen Distanz zum Dringlichkeitsdiktat und im Kontrast zu einer seltsamen Gegenwartsfixierung, die wir heutzutage nur allzu oft beobachten können. Ein neues iPhone wird zwar alljährlich als »großer Schritt nach vorne« präsentiert. Doch vergessen wir schnell, dass vor ein paar Jahren genau das aktuelle und nun plötzlich alte iPhone »der große Wurf« war. In einer auf fossiles Wachstum ausgerichteten Gesellschaft, die deshalb immer neue Bedürfnisse und Innovationen schafft, nimmt diese Gegenwartsverfangenheit groteske Züge an. Diese langsam sich verschiebende Definition, was »normal« ist, was »unabdingbar« zur Gegenwart dazugehört, macht aus dem, was noch vor ein paar Jahren Luxus war, eine Mindestanforderung. Und das führt uns in eine unendliche Spirale.

Ich sage nicht: »Früher war alles besser!« Nichts läge mir ferner. Ich finde nur, dass die *offene Gegenwart* zu einer wichtigen Unterscheidung führen kann: Ob sich in der rasenden Jetzt-Zeit, in der sich permanent etwas ändert, auch etwas Wesentliches geändert hat. Und dass es genau darum gehen sollte.

Intensive Stille

Die erste Sitzung unseres Meditationskurses beginnt. Wir sitzen in einem schönen und stimmungsvoll beleuchteten Raum in einem Kreis, die meisten auf dem Boden, manche auf Stühlen. Die Lehrerin fordert uns auf, die Augen zu schließen und unsere Hände zu öffnen. Etwas Kleines und Leichtes fällt hinein. Sie bittet uns, es mit den Fingern genau zu erkunden. Es fühlt sich rau an, etwas schrumpelig und weich. Nun sollen wir daran riechen. Vielleicht halten es einige auch ans Ohr, drücken es leicht zusammen, um zu hören, was geschieht. Nach ein paar Minuten nehmen wir es langsam und bedächtig in den Mund, erspüren mit der Zunge, wie es beschaffen ist, und nehmen unsere Gedanken und Emotionen wahr (Ekel? Ungeduld? Irritation?). Eine ganze Weile später dürfen wir – endlich – zubeißen. Geschmacksexplosion. Im ganzen Mund brei-

tet sich Süße aus. Wir kauen langsam weiter, schlucken und beobachten, wie sich die Empfindungen im Mund verändern.

***

Diese »Rosinenübung« ist in der Achtsamkeitsszene mittlerweile legendär und gehört zum festen Repertoire zu Beginn eines jeden *Mindfulness-Based-Stress-Reduction*- oder MBSR-Kurses. Bei der von ihrem Erfinder Jon Kabat-Zinn eingesprochenen Anleitung dauert sie nicht weniger als 18 Minuten!

Was ist an dieser Übung so bemerkenswert?

Die Rosine ist eben nicht nur eine Rosine. Sie ist ein Exempel. Sie soll demonstrieren, was wir alles verpassen, nur weil wir den Dingen keine Aufmerksamkeit schenken. Ja, das kommt sehr bedeutungsschwer, fast kitschig daher. Aber einmal abgesehen von dem Nebensatz »nur weil wir …«, der uns direkt zurück zu Kapitel 3 und zu den Abwegen des Reduktionismus führt: Ich werde den Verdacht nicht los, dass hier etwas aufschimmert, das viel über unsere Gesellschaft aussagt. Wir bekommen es nicht nur mit einer verschrumpelten und etwas unhygienischen Rosine zu tun, sondern auch mit einer These: Dass wir in unserem gewöhnlichen Versuch, das Leben auszufüllen, doch eben gerade dieses Leben verpassen.

Um diese These aufzudröseln, müssen wir zwei Dingen nachgehen: der modernen Angst, etwas zu verpassen, die wir heute unter dem Jugendwort FOMO (Fear of missing out) kennen, und der Modulation dieser Angst, wie sie sich in der Achtsamkeitsmeditation andeutet. Und dazwischen schiebt sich die Frage: Kann der Versuch, das Leben auszufüllen, überhaupt gelingen?

»Das Leben als letzte Gelegenheit«

Obwohl das Klagen über die pandemische Unruhe und den grassierenden Stress so verbreitet und nahezu alltäglich sind, wird nur selten gegen »die Beschleunigung« demonstriert. Klar, hier und da wird nicht nur mehr Geld, sondern auch mehr Freizeit eingefordert. Eine genuine Zeitpolitik aber ist noch lange kein etabliertes Thema, weder in Parteien noch auf der Straße. Ein wesentlicher Grund dafür ist, dass uns Zeit als etwas natürlich Gegebenes, ja Unsichtbares oder Abstraktes vorkommt. Und dort, wo wir sie sehen, an den Uhren, verwundert sie uns nicht. Dabei waren Zeit und Uhr mal ein Politikum: Als Werksuhren in den Fabriken eingeführt wurden, protestierten die Arbeitenden. Denn die Kapitalisten hängten die Uhren ja nicht auf, um damit die Zeit abzubilden. Die Uhren sollten Arbeitsprozesse optimieren und synchronisieren, Vergleichbarkeit herstellen und den Wettbewerb anheizen. Das Ticken der Uhren begann die Gesellschaft zu durchdringen, parallel zum kapitalistischen Imperativ »Zeit ist Geld«.[15]

Hartmut Rosa hat in Anschluss an die berühmte These Max Webers zur protestantischen Arbeitsethik diese kapitalistische Zeitnutzung und den darin enthaltenen Aufruf, etwas aus sich zu machen und aktiv zu sein, zum moralischen Imperativ unser spätmodernen Beschleunigungsgesellschaft erklärt:

> *Sich hängenzulassen*, seinen Gelüsten nicht widerstehen zu können und folglich dick zu werden oder seine Gesundheit und seinen Karriereweg durch Trinken, Rauchen, Spielen, Bewegungsmangel und/oder Faulheit zu ruinieren, gilt auch und gerade in säkularen spätmodernen Gesellschaften als schwerste aller Sünden und zieht massive soziale Missbilligung, ja

> Verachtung nach sich. Die Pflicht, *etwas aus sich zu machen*, sich zu pflegen, aktiv zu sein und den ›inneren Schweinehund‹ zu besiegen, kann geradewegs als ihr oberster moralischer Imperativ gelten.«[16]

In Sprichwörtern kommt die Kultur der Zeitnutzung in geronnener Form zum Ausdruck: »Erst die Arbeit, dann das Vergnügen!«, heißt es etwa. Oder, noch unerbittlicher: »Wer nicht arbeitet, soll auch nicht essen.« Letzteres wurde von der Arbeiterbewegung des 19. Jahrhunderts selbst vorgetragen, ein Umstand, den schon Paul Lafargue, Schwiegersohn von Karl Marx, in seinem Pamphlet *Das Recht auf Faulheit* heftig kritisierte und argumentierte, dass eine solche »Arbeitssucht« jede Art der Muße untergraben würde.[17] In der modernen Arbeitsmoral steht die Pause wie die Freizeit im Dienst der Arbeit. Sie verkommt zu einer »Regenerationsphase«. Die Erfolgreichsten des Systems optimieren dann noch diese – googeln Sie gerne mal nach der sagenumwobenen Regenerations- und Schlafdisziplin eines Cristiano Ronaldo!

Aber unsere Zeitnutzung lässt sich nicht nur auf ein Verbot zurückführen. Das verdichtete Leben übt auch einen ungeheuren Reiz auf uns aus. Wir wollen unsere Lebenszeit nutzen, wir lieben es doch auch, am Zahn der Zeit zu sein: Mode, Kino, Liveticker. Woher kommt dieser Drang, das Leben unendlich zu verdichten?

Dazu hat die Erziehungswissenschaftlerin Marianne Gronemeyer in dem Büchlein *Das Leben als letzte Gelegenheit* eine provokante und spannende These formuliert: Demnach beginnt der moderne Lebensdurst paradoxerweise mit der wohl verheerendsten Pandemie der Weltgeschichte: der Pest im ausgehenden Mittelalter, an der bereits in den ersten Jahren mutmaßlich ein Drittel der Bevölkerung Kontinentaleuropas starb.

Die Pest überkam und überfiel die Menschheit und erschütterte den christlichen Glauben zutiefst. Das führte, so Gronemeyers These, zu einer radikal anderen Vorstellung vom Tod. Statt eines Übergangs hin zum ewigen Leben wird der biologische Tod in seiner Grausamkeit nun zunehmend als Grenze gedeutet – und damit die Lebenszeit radikal aufgewertet. Die Folge waren zwei für die moderne Welt grundlegende Strategien: die Sicherung des Lebens durch die Erforschung und Beherrschung der Natur einerseits und der Kampf gegen die Knappheit des Lebens mittels der Beschleunigung des Lebens andererseits.[18]

Gerade in dieser Beschleunigung des Lebens steckt eine ungeheure Verheißung. Der moderne Drang, das Leben zu verdichten, fungiere, wie Rosa schreibt, als »säkularer Ewigkeitsersatz«: »*Wer unendlich schnell wird, braucht den Tod als Optionsvernichter nicht mehr zu fürchten*; es liegen unendlich viele ›Lebenspensen‹ zwischen ihm und dessen Eintreten.«[19] Die religiöse Idee des ewigen Lebens lebt also in der säkularen Moderne fort als das Ideal des unendlich ausgefüllten Lebens. Galt bis zur Neuzeit das antike Ideal der Ruhe als orientierungsgebend, so hat uns moderne Menschen eine Unruhe ergriffen, die den Pausen, der Monotonie und der Wiederholung nicht viel abgewinnen kann. All das langweilt. Die Unruhe drängt uns, ein ausgefülltes, ein intensives, ein erlebnisreiches Leben zu führen. Aus ihr spricht die Angst, etwas zu verpassen.[20]

Großthesen stehe ich immer skeptischer gegenüber. Doch ich gestehe, nach einer durchlebten Coronapandemie liest sich diese anders als zuvor. Stellen wir uns nur kurz vor, was es für unser Weltbild bedeutet hätte, wenn die Wissenschaft nichts Substanzielles zur Bekämpfung der Pandemie hätte beitragen können, wenn sie ein nicht enden wollendes Widerfahrnis gewesen wäre.

Großthesen sagen, davon bin ich mittlerweile überzeugt, vor allem etwas über die Zeit aus, in der sie formuliert werden. Und meiner Meinung nach kommt das Ideal des verdichteten Lebens und die Angst, etwas zu verpassen, besonders in der Gegenwartsgesellschaft zum Durchbruch. So argumentiert der Soziologe Andreas Reckwitz, dass unsere Gegenwartsgesellschaft von dem nachromantischen Ideal der Selbstverwirklichung und Kreativität durchzogen sei:

> [Die] Suche nach der Abwechslung der Reize des Erlebens, nach dem ›Neuen‹ machen aus dem romantischen ein beschleunigtes Subjekt, das seine Alltags- und Lebenszeit mit einer Vielzahl verschiedenster, einander abwechselnder Akte ausfüllt.[21]

In dieser modernen Vorstellung gelingenden Lebens tritt, zusammengefasst, eine ganz eigentümliche Gegenüberstellung zutage von leerer Zeit und ausgefüllter Zeit, von Stillstand und Innovation, von Monotonie und Abenteuer, von Wiederholung und dem Neuen. Und das ist keine neutrale Gegenüberstellung. Vielmehr geht sie mit eindeutigen Wertungen einher – zugunsten der ausgefüllten Zeit, der Innovationen, des Abenteuers und des Neuen. Daraus erwächst ein ungeheurer Dynamisierungsdruck, der sich bestens mit dem kapitalistischen Wachstumsregime verträgt: Der Drang, die Zeit auszufüllen, zu innovieren, das nächste Abenteuer zu erleben und das Neue zu suchen.[22]

Das Aufscheinen einer dritten Option

Kommen wir zurück zu der Rosinenübung. Wie genau steht diese Rosine, die bei Jon Kabat-Zinn ein Exempel für Achtsamkeit ist, im Verhältnis zur modernen Angst, das Leben zu verpassen, oder zur Verheißung, es voll auszuschöpfen?

Wie sehr die moderne Lebenslust bei Kabat-Zinn zum Ausdruck kommt, wird besonders deutlich in seinem Buch *Wherever You Go, There You Are* (dt.: *Im Alltag Ruhe finden*). Hier greift er umfangreich auf den amerikanischen Romantiker Henry David Thoreau zurück. An einer Stelle zitiert er die wohl bekannteste Passage aus Thoreaus Buch *Walden*, in dem Thoreau über sein Leben in einer kleinen Hütte am *Walden Pond* schreibt:

> Ich zog in den Wald, weil ich den Wunsch hatte, bewusst zu leben, dem eigentlichen, wirklichen Leben näherzutreten, zu sehen, ob ich nicht lernen konnte, was es zu lehren hatte, damit ich nicht, wenn es zum Sterben ginge, einsehen müßte, daß ich nicht gelebt hatte.[23]

Auch wenn ich in diesen Fragmenten auf ständige Binnendifferenzierungen verzichten wollte, möchte ich kurz eine Ausnahme machen. Denn diese Lebenslust steht schon in einem frappierenden Kontrast zum distanziert-sezierenden Achtsamkeitstyp. Aus der Warte der *distanziert-sezierenden Achtsamkeit* wäre es vermutlich hoch verdächtig, den süßen Geschmack als »Geschmacksexplosion« zu beschreiben. Das langsame Essen einer Rosine wäre, wenn überhaupt, ein Training in der präzisen Beobachtung. Vielleicht wäre es sogar ein Test, wie sehr wir noch der »Süße des Lebens« anhängen. Die *distanziert-sezierende Achtsamkeit* kennt die moderne Verpassensangst nicht, oder besser: Sie strebt an, sie zu überwinden. Wenn der *vipass-*

ana-Lehrer U Pandita seinem Buch den Titel gibt *In This Very Life*, dann kommt darin eine dringliche Warnung zum Ausdruck. Aber diese speist sich nicht aus der Angst, das Leben zu verpassen, sondern aus der Angst, die menschliche Existenz nicht für die Erlösung zu nutzen. Mehr noch: Ein:e Erwachte:r (Pali: *arahant*) könne »sich auf den Tod freuen« und erleichtert feststellen: »Endlich kann diese Masse an Leid abgeworfen werden. Dies ist mein letztes Leben. Ich werde nicht mehr mit dem Leiden konfrontiert werden, sondern nur noch mit der Glückseligkeit im Hafen von Nibbana.« Das Leben bleibt hier ein Mittel zum Zweck: die Erlösung zu erlangen.[24]

Die Emphase der einfachen Rosine, der Wunsch nach dem »wirklichen Leben«, ist also höchst spezifisch und führt mich zu der These, die darin aufflackert: eine Kritik an dem Gegensatz von leerer und ausgefüllter Zeit, von Wiederholung und Neuem und ein Ideal erfüllter Zeit. Um zu verstehen, was ich damit meine, müssen wir verstehen, dass das Hier und Jetzt der Achtsamkeit verbunden wird mit einer Idee von Zeitlosigkeit. Schauen wir uns dazu eine Passage bei Kabat-Zinn genauer an:

> Vergegenwärtigen Sie sich, daß es auf einer 15 Zentimeter langen Linie unendlich viele Punkte gibt und daß auf einer drei Zentimeter langen Linie ebenfalls unendlich viele Punkte liegen. Aus wie vielen Augenblicken bestehen dann fünfzehn Minuten, oder fünf oder zehn oder fünfundvierzig? Wenn wir darüber nachdenken, wird uns klar, daß wir ungeheuer viel Zeit haben [...]. [Wir können] das Zeitlose berühren, das in jedem Augenblick enthalten ist.[25]

Angesichts einer solchen Vorstellung von Zeit scheint die unendliche Verdichtung des Lebens als fragwürdig: Es gibt nicht mehr zu erreichen, als präsent zu sein – und jeder Moment bietet dafür erneut die Möglichkeit. Während das Leben beschleunigt werden kann und sich, metaphorisch gesprochen, die Uhren immer schneller drehen können, lässt sich das »Etwas ist« nicht beschleunigen. Diese radikale Gegenwart ist kein Zeitbegriff der linearen Uhrzeit.[26]

Wie auch immer man zu dieser holistischen, umfassenden, ja fast mystischen Gegenwart stehen mag – vor dem Hintergrund dieser Vorstellung ergibt die Gegenüberstellung von leerer und gefüllter Zeit wenig Sinn. Das Jetzt ist immer schon erfüllt. Die Leere erfährt damit eine entscheidende Umdeutung: Sie wird nicht abgewertet als uninteressante, langweilige Ereignislosigkeit, sondern aufgewertet als eine Möglichkeit von Stille, in der sich das erfüllte Leben erst zeigen kann. Sie ist kein Verstummen, sondern ein Ausklingen und Erklingen. Vergleichbar vielleicht mit der Erfahrung im Kino, wenn die Filmmusik »in besonders intensiven Momenten einmal schweigt, so dass die Stille hörbar wird«.[27]

Die meditative Haltung gerät angesichts von Monotonie, Wiederholung und Leere nicht in Panik. Sie wendet gegen den Drang, im Außergewöhnlichen das Abenteuer und das Neue zu sehen, ein, dass zwischen der Wiederholung und dem Neuen kein Widerspruch bestehe, dass es einen feinen Unterschied gebe zwischen »demselben« und »dem Gleichen«. Der sich wiederholende Atem ist für sie beides: Wiederholung und Abweichung. Er ist bekannt und neu zugleich. Die Meditation erweist sich so gesehen als ein Training der Sensibilisierung, in dem man sich geduldig darin übt, im Gewohnten das Außergewöhnliche und im Endlichen das Unendliche zu erblicken.

Die kleine Rosine, mit der ich diese Überlegungen begann, verweist also auf eine Zeitlichkeit, welche die konstitutive Dichotomie der Beschleunigungskultur – langweilige Stille versus intensive Erlebnisse – um eine dritte Möglichkeit ergänzt: die *intensive Stille*.[28]

Wie langweilig ist Achtsamkeit?

Wie ernst es die Achtsamkeit mit dieser dritten Option, der *intensiven Stille*, meint – auch dafür gibt es einen Lackmustest: die Langeweile. Sie ist ein quälender Zustand, der sich aus der modernen Spannung zwischen leerer Zeit und ausgefüllter Zeit ergibt. Mehr noch: Sie ist ein Appell, dass endlich wieder etwas Spannendes, Interessantes oder Wichtiges passieren möge.[29] Langeweile ist eine Manifestation von leerer Zeit, die nicht leer sein darf. Und sie ist ein Protest gegen Dinge, die dem ausgefüllten Leben nichts Neues hinzuzufügen haben – der Horror der Kulturindustrie!

Die meditative Haltung aber wendet sich dem »Langweiligen« zu: den Wiederholungen, dem Gewohnten, den Routinen. Wenn es auch interessant sein mag, das erste Mal in seinem Leben 18 Minuten für eine Rosine »zu brauchen«, bleibt es nun mal langweilig, sich immer wieder aufs Kissen zu setzen und den Atem zu beobachten. Die meditative Haltung übt eine »Toleranz für die Langeweile«, um einen Begriff von dem Philosophen Byung-Chul Han zu borgen, sie flüchtet nicht vor ihr. Erst durch die Langeweile hindurch können wir aus der Zeit fallen.[30]

Die »Toleranz für die Langweile« stellt aber auch einen scharfen Kontrast dar zu all den Versuchen, Achtsamkeit zu »entlangweilen« und sie in die kapitalistische Verwertungslogik einzuschleusen, sie also zu kommerzialisieren, zur Ware zu machen. Indem aus einer recht begrenzten Übung (Sitzen oder Gehen beispielsweise) unendlich viele Meditationsformen und Anwendungsgebiete entwickelt werden, können eben auch für eine Vielzahl von Zielgruppen unendlich viele Produkte vermarktet werden. Mit dem Einzug der Marktlogik in die Gefilde der Achtsamkeit entsteht also die Simulation einer Differenz im Immergleichen. Damit Apps wie *Headspace* attraktiv bleiben und für Kund:innen und Algorithmen im App Store gleichermaßen interessant, müssen ständig neue Module, Übungen und Variationen implementiert werden. Ähnliches gilt für den Ratgebermarkt. Für jede Tätigkeit, die sich achtsam ausführen lässt (also in der Logik der populären Achtsamkeit: alle), kann ein eigenes Buch erscheinen. Wenn wir es mit einer wirklich langweiligen »Wiederkehr des Immergleichen« zu tun haben, dann hier.[31]

Die »Toleranz für die Langeweile«, wie ich sie oben skizziert habe, zieht zudem eine scharfe Grenze zur Eventisierung von Achtsamkeit. Auf ein Retreat zu gehen, kann ja auch etwas sein, was man in diesem Leben mal mitgenommen haben muss. Das Retreat wird so zu etwas Außergewöhnlichen erhoben. Vor allem sehen wir diesen Trend bei Massenveranstaltungen wie denen eines Joe Dispenza, der 2023 in Basel über 8000 Leute zu einem Megaevent mit Ticketpreisen von 500 bis 1000 Schweizer Franken anlockte. Hier bleibt wenig von der Langweiligkeit – eher haben wir es zu tun mit einem Personenkult, einer ökonomischen »Mindset«-Rhetorik und dem Angebot eines ozeanischen Gefühls von Gemeinschaft.[32]

Um es auf den Punkt zu bringen: Wenn sich Achtsamkeit vermarkten lässt, widerstrebt das der *intensiven Stille*. Dieser entspräche es, Achtsamkeit mit einer CD zu üben, die man jeden Morgen für 20 Minuten abspielt und die einen ab und an daran erinnert, nicht zu sehr abzuschweifen. Oder man setzt sich einfach so hin. Beides bliebe: außergewöhnlich unspektakulär.

Ein Sinn für das Unbemerkte

Vor ein paar Jahren an einem Fluss in einer der tiefen Schluchten der Cevennen: Zwischen prächtigen Bäumen und dem kalten, glasklaren Wasser komme ich nach hektischen und dichten Wochen langsam zur Ruhe. Ein paar Tage später fahre ich mit dem Auto auf den schmalen, in die steilen Felshänge gehauenen Straßen hinauf auf eine Hochebene, die sich gen Osten erstreckt. Unten in der Schlucht war recht viel Verkehr, denke ich mir, und wir wenigen Tourist:innen kamen uns dort doch sehr nah. Hier oben sehe ich nur vereinzelt Menschen. Der Horizont ist weit. Ich fahre durch ein einsames Dorf und parke am Wegrand. Ein alter Mann überstreicht den Rahmen einer verwitterten Tür. Als ich aussteige und die Tür zugeschlagen habe, merke ich, dass etwas anders ist. Eine fast verstörende Ruhe umgibt und durchdringt mich. Stille. Etwas raschelt in der Hecke. Wind kommt auf.

***

Ein Gerücht begleitet die meditative Haltung: das der Gleichgültigkeit. In der Emphase des reinen Beobachtens und des Nichturteilens übe man, so das Gerücht, von der Welt nicht mehr berührt zu werden. Das mag für manche Formen stimmen. Doch gewinnt das Rascheln am Wegesrand nicht erst in der Stille an Bedeutung? Nur innerhalb des modernen Gegensatzes von Leere und Fülle erscheint die Stille als reine Abwesenheit. Entweder es ist Fülle, oder es ist nichts.[33]

Die *intensive Stille* entspringt einer weltbejahenden Gelassenheit. Sie ist eine Gelassenheit, die von dem Füllen ablässt, um das Unbemerkte, Beiläufige und Filigrane zuzulassen. Sie bringt zum Vorschein, was von dem Lärm der Welt verdeckt war. Sie weckt einen Sinn für das Unbemerkte.

Indem die Gelassenheit das Unbemerkte zulässt, erkennt sie dessen Eigenständigkeit und Verletzlichkeit. Dem Atem in der Sitzmeditation beizuwohnen, offenbart nicht nur vieles, das bisher verborgen war – den Rhythmus, die kurzen Pausen, die Körperregionen, die er umfasst. In der gelassenen Zuwendung entzieht sich der Atem auch: Irgendwann wandelt sich das »Ich atme« zu einem »Es atmet«. In diesem Moment wird uns vielleicht bewusst, dass es nur einer kleinsten Willensregung bedarf, um den Atemvorgang zu stören. Wir können jederzeit in ihn eingreifen, um ihn zu kontrollieren oder ihn zu verbessern. Wir benutzen ihn dann als Mittel zum Zweck, um tiefer zu atmen und uns damit zu entspannen. Der Sinn für das Unbemerkte enthält sich aber der unmittelbaren Instrumentalität. In diesem Sinn scheint eine Ethik der Behutsamkeit auf, die das Gegenüber, das Filigrane oder soeben Entdeckte in seiner Eigenständigkeit bejaht. Erst beides zusammen bestimmt eine Gelassenheit, die um die Verletzlichkeit der Welt weiß.

Gelassenheit und Gleichgültigkeit sind eben nicht dasselbe. Das ist ein Unterschied, den vor allem Vertreter:innen des interessiert-sorgenden Achtsamkeitstyps hervorheben.[34] Und die behutsame Gelassenheit geht über die Haltung der »liebenden Güte« (Pali: *metta*) hinaus, wie sie vor allem in der *vipassana*-Meditation zum integralen Bestandteil der Praxis gehört. Bei dieser *metta*-Meditation übt man sich, oft auch in rezitierter Form, in einer wohlwollenden Haltung allen Lebewesen gegenüber.[35]

In der Gelassenheit deutet sich ein Protest an gegen eine durch und durch von instrumenteller Vernunft, Effizienzsteigerung und Verfügbarmachung beherrschten Welt. Dieser Protest ist zwar individualistisch verengt, aber dennoch bemerkenswert: Denn eine entgrenzte Verfügbarmachung, die immer mehr sichtbar, erreichbar, beherrschbar und nutzbar macht, droht sich in ihr Gegenteil zu verkehren. Die unendlich verfügbare Welt läuft Gefahr, in eine stumme zu kippen, in der uns nichts mehr berührt.[36] Die achtsame Gelassenheit lässt sich deshalb verstehen als ein Aufbegehren gegenüber einer indifferenten Welt.

Die Metaphorik einer »stummen Welt« ist auch wortwörtlich zu verstehen. Im Glauben an die Beherrschbarkeit der Natur haben wir in sensible Ökosysteme eingegriffen, sie teils unwiederbringlich zerstört und unsere Existenzgrundlage in Gefahr gebracht. Der dramatische Rückgang der Schmetterlinge ist das eindrücklichste Beispiel dafür, wie sehr unsere Kultur der Beherrschung gerade das Filigrane und Verletzliche missachtet. Solche Prozesse verlaufen oft schleichend, unbemerkt vom Tagesgeschäft. So gesehen ist die bereits zuvor angeführte Metapher des rasenden Stillstands ökologisch schief. Sie übersieht, dass im vermeintlichen Stillstand die Zerstörung der Lebensgrundlagen weitergeht. Denn der rasende Stillstand kann nur aufrechterhalten werden, wenn mehr Energie produziert und die Natur weiter ausgebeutet wird. Der Sinn für das Unbemerkte bringt nicht nur ein Rascheln am Wegesrand zum Vorschein. Wenn wir vom »Regime des Neuen« ablassen, entsteht vielleicht auch die Fähigkeit, solche schleichenden Prozesse als dringlich zu erkennen.

Aber natürlich gibt es auch hier Einwände: Dieser achtsame Sinn für das Unbemerkte, den ich versuche zu skizzieren, wird vor allem kultiviert von der an Sensibilisierung ausgerichteten »neuen Mittelklasse«, also jenen »gut ausgebildeten, liberalen Großstadtbewohner[n], die ein Interesse an Selbstentfaltung und herausgehobenem Lebensstil miteinander vereinen«, wie der Soziologe Andreas Reckwitz schreibt.[37] Der Urlaub in einsamen Schluchten, in denen einem die Stille, wie mir damals, widerfährt – das könnte ein Motiv in einer Werbung für ebendiese Zielgruppe sein. Und trotzdem bleibt das Ideal einer Ethik der Behutsamkeit nicht weniger relevant. Es muss nur von den einsamen Orten und achtsamen Hipstern entkoppelt werden.

Das hieße aber, danach zu fragen, wo die Ursachen für die rücksichtslose Unterwerfung der Natur und die Verdinglichung von Menschen liegen und wo überall die Behutsamkeit dem strukturellen Zeitdruck und Wettbewerb weichen muss. Und man müsste ins Detail gehen und sich dem harten Kampf der Interessenskonflikte stellen. Die Verwendung von Pestiziden beispielsweise könnte zum Schutz der Artenvielfalt eingeschränkt werden, wenn es genügend Druck von der Straße und Ausgleich für Landwirt:innen gäbe. Arbeitsbedingungen für Pfleger:innen ließen sich verbessern, wenn die gelegentlich zur Schau gestellte Wertschätzung auch wirklich in einem Kampf gegen den Pflegenotstand münden würde. Beim Sport in Schulen und Vereinen könnte es um die Freude an der gemeinsamen Bewegung gehen und nicht immer um Leistung. Im Alltag würden Rücksicht und Aufmerksamkeit für den anderen schon deshalb steigen, weil es durch eine radikale Arbeitszeitverkürzung nicht mehr ganz so schwer wäre, Lohnarbeit, Sorgearbeit und Freizeit unter einen Hut zu bringen. Doch erreicht man das alles nicht auf dem Campingstuhl in der idyllischen Schlucht oder allabends auf dem Meditationskissen, sondern auf der Straße, im Parlament und im öffentlichen Streit.

Zum Abschluss: Viel Lärm um Achtsamkeit

Der Gong erklang zum letzten Mal. Ich öffnete die Augen und blickte mich ein wenig verstohlen im Meditationsraum um. Wie oft ich mich in den vergangenen Tagen nach diesem Moment gesehnt hatte! Jetzt war es plötzlich so weit, wie ich etwas überrascht und vor allem mit einer ordentlichen Portion Stolz feststellte: Das Retreat war vorbei.

Schweigend verließen wir den Raum, um ein letztes Mal im Schatten von Kletterpflanzen gemeinsam zu essen. Eigentlich sollten wir noch nicht sprechen, doch der Bann war gebrochen. Und so erfuhr ich von dem Mann, der mir gegenübersaß und den ich in den vergangenen Tagen immer wieder mal heimlich dafür bewundert hatte, wie gleichmütig und konzentriert er durch die Gänge schritt, von dem Mann, der bei mir so einige Gedankenschleifen über seine »besonders tiefe« und meine doch recht holprige »Praxis« ausgelöst hatte – von diesem Mann erfuhr ich nun, dass ihn ein Infekt mit heftigen Kopfschmerzen geplagt hatte. Wir hatten uns wohl beide eher durchgekämpft.

Nach dem Essen brachte mich ein freundlicher Herr in die nahe gelegene Stadt. Ich wollte dort ein Auto mieten, um wieder zurück ins »echte Leben« zu kommen. Doch wie ich am

Schalter der Autovermietung erfuhr, war der Wagen noch nicht fertig. Ich müsste leider noch eine ganze Weile warten, bedauerte der Mitarbeiter. »Kein Problem«, antwortete ich, »das stört mich gar nicht!« Ich setzte mich in den Wartebereich und beobachtete meinen Atem. Ein Buch oder Smartphone hatte ich ohnehin nicht dabei, und es war durchaus angenehm, mal ganz ohne Knieschmerzen gemütlich auf einem Sessel zu meditieren. Außerdem hatte ich ja jüngst gelernt, dass man Achtsamkeit immer und zu jeder Zeit üben könne. Schon bald beschlich mich aber das Gefühl, meine zur Schau gestellte Versenkung könnte etwas schräg wirken. Ich glaubte gar, ein paar irritierte Blicke zu spüren. Also döste ich ein wenig, oder tat vielmehr so, und genoss die Stille während des Wartens heimlich für mich.

In der Einleitung beschrieb ich, wie entspannt ich die hektische Metropole nach meiner Rückkehr wider Erwarten erlebte. Aber nicht nur das erstaunte mich. Ich reagierte auch auf Zeiten des Nichtstuns, der Pausen und Wartezeiten deutlich gelassener. Ich hatte die Stille lieb gewonnen. Und so sah ich nicht nur den ganzen Trubel entspannter, sondern auch mit anderen Augen. Er kam mir fragwürdiger vor, oder besser gesagt: begründungspflichtiger.

Unglaublich, dass das alles jetzt schon zehn Jahre her ist. Aus der Faszination für die Stille heraus begann ich mich intensiver mit Achtsamkeit zu beschäftigen. Doch je weiter ich mich in die Untiefen der Achtsamkeitsbewegung hineinbegab, desto mehr irritierte mich der Lärm, der sie begleitete und der immer weiter anzuschwellen scheint.

Dieser Lärm dröhnt von zwei Seiten her: von den Befürworter:innen, die fast schon marktschreierisch anpreisen, dass in der Achtsamkeit die Lösung fast aller Probleme liege. Und von den immer lauter werdenden Kritiker:innen, die mit alldem so gar nichts anfangen können. Mein Versuch war es, dieser »Arena der Achtsamkeit« mit etwas Besonnenheit zu begegnen, den überhöhten Ansprüchen wie den pauschalen Zurückweisungen gleichermaßen, und sorgsam zu differenzieren.

Und so versuchte ich neben der Kritik an irreführenden Annahmen und Abwegen auch das herauszuarbeiten, was mir an der Achtsamkeit wertvoll erscheint: die Zuversicht, die aus ihr spricht, die Stille, die sie hervorzubringen vermag, die Behutsamkeit, in der sie sich übt. Das, was wertvoll an der Achtsamkeit ist, wird von dem Lärm um sie verdeckt – so lässt sich der Grundgedanke zusammenfassen, mit dem ich dieses Buch zu schreiben begann.

Ein solch differenziertes Vorgehen ist durchaus heikel, vor allem, wenn man es mit einem lärmenden Diskurs zu tun hat. Es ist ja beinahe unmöglich geworden, überhaupt noch sinnvoll über Achtsamkeit zu sprechen: Die einen meinen damit ein alternativloses Mittel auf dem Weg zur Erlösung, die anderen sehen in ihr eine unverzichtbare Fähigkeit, das »wirkliche Leben« zu erspüren. Wieder andere betrachten sie als effektives Tool für die Selbstoptimierung, von dem sich wiederum andere explizit abgrenzen, um sie als einen »Transformationsbooster« zu bewerben, wie ich kürzlich in einer Zeitschrift las. In diesem Getöse gehen die feinen Nuancen, Schattierungen und Differenzen schnell verloren. Gerade diese sind aber unabdingbar, wenn man, wie ich, die Achtsamkeit mit den Idealen, die sie artikuliert, nicht gänzlich verwerfen möchte. Die Gefahr einer differenzierten Kritik besteht also darin, dass der Lärm um Achtsamkeit die Kritik an ihr schlicht übertönt, dass also von meiner sehr begrenzten Bejahung der Achtsamkeit eine Bejahung des Ganzen übrig bleibt.

Etwas Ähnliches gilt auch für die immer lauter werdende Kritik. Zwar halte ich diese für unverzichtbar und habe ja im dritten Kapitel selbst argumentiert, die versprochene Selbstermächtigung sei zahnlos, politisch wie soziologisch. Aber ich befürchte, dass auch diese Kritik zahnloser ist, als sie gerne wäre. Neoliberalen Personaler:innen vorzuwerfen, sie würden im Unternehmen eine neoliberale Praxis einführen, mag gut und richtig sein, stößt wahrscheinlich aber auf taube Ohren.

Anstatt also immer wieder zu betonen, Achtsamkeit sei entweder die Lösung für nahezu jedes Problem oder sie sei zu unpolitisch und die Sehnsucht nach einem einfachen Leben ohnehin vergeblich, sollten wir uns von diesem Lärm um Achtsamkeit ein für alle Mal verabschieden. Ich wälze diesen Gedanken in mir, seit ich vor einigen Monaten die beiläufige Bemerkung von Hannah Arendt las, auf die ich in Kapitel 4 ausführlich eingegangen bin. Ja, vielleicht ist das sogar die eine *Take Home Message*, die ich Ihnen anbieten kann: Wir sollten das Kreisen um die innere Freiheit verstehen als ein Ausweichen vor gesellschaftlichem Zwang, oder anders gesagt als Reaktion auf den Mangel an echter politischer Freiheit. Je höher die Hürden sind, die geteilte Welt durch politische Partizipation zu gestalten, desto naheliegender ist es, sich in eine private Freiheit zu flüchten.

Auch auf die Gefahr hin, dass ich mich wiederhole – aber ich meine es wirklich ernst: Achtsamkeit, so vorlaut sie auch daherkommen mag, ist eine Gegnerin aus Stroh. Wir können alles Mögliche an ihr kritisieren – die asketische Weltflucht ebenso wie den neoliberalen Zeitgeist, der sie durchzieht. Und doch verstellt das den Blick auf das eigentliche Problem: eine zunehmende gesellschaftliche Erschöpfung und Sprachlosigkeit.[1] Wenn das Vertrauen in die Demokratie schwindet, Bürger:innen sich unzureichend repräsentiert fühlen, Politiker:innen in vermeintlicher Nähe von »den Menschen« sprechen und damit gerade Distanz demonstrieren, überrascht es dann, dass manche ihr Heil im Inneren suchen? Der Hype um Achtsamkeit kann nur in einem solchen gesellschaftlichen Vakuum entstehen.

Ich will damit den Lärm um Achtsamkeit keineswegs verteidigen. Im Gegenteil. Vielleicht muss man einfach lärmen, um in dieser lärmenden Welt überhaupt gehört zu werden. Aber genau das ist ein ernsthaftes gesellschaftliches Problem.

Lärm entsteht, wenn zu vieles ohne Unterbrechung nach vorne drängt. Selbst die wichtigen Dinge werden in ihm nichtig. Alles bedeutet dann gleich viel oder gleich wenig. Social-Media-Plattformen, politische Werbekampagnen, ein an Schlagzeilen und Klicks ausgerichteter Journalismus und (natürlich) die Konsument:innen, die sich mit »Breaking News« auf dem Laufenden halten – sie alle tragen zu diesem Getöse bei.

Besonders deutlich wurde mir das, als ich begann, im Parlament zu arbeiten. Es vergeht hier kaum ein Tag, an dem nicht irgendetwas ganz besonders dringend ist. Vielleicht geht es auch nicht anders angesichts der begrenzten Aufmerksamkeit und der Vielzahl an Anliegen und Interessen. Wer eine Lücke wittert, nutzt die Möglichkeit, sich Gehör zu verschaffen. Problematisch erscheint mir daran (mindestens) zweierlei: Erstens haben nicht alle die gleichen Chancen, sich Gehör zu verschaffen; zweitens verdeckt der Lärm der Welt – wie der Lärm um Achtsamkeit die Stille – bisweilen das, was tatsächlich bedeutungsvoll ist. Das Artensterben ist keine Breaking News. Es ist ein leises, schleichendes Verschwinden. Hannah Arendt sah in der Befreiung von Zwang und von Elend die notwendigen Voraussetzungen für politische Freiheit. Heute brauchen wir noch eine dritte: die Befreiung von Lärm.

Die Befreiung von Lärm führt uns nicht direkt ins Nirvana oder zur Utopie einer Gesellschaft, in der wir nur noch achtsam miteinander sprechen. Noch weniger finden wir sie in Zufluchtsorten wie Wellness-Oasen oder in kuscheligen Zelten inmitten der Einsamkeit. Diese *verdinglichte Freizeit*, wie der Philosoph und Soziologe Theodor W. Adorno einmal pointiert formulierte, bleibt an ihren Gegensatz gekettet, nämlich den Lärm, dem wir zu entfliehen suchen.

Nein, die Alternative zum Lärm ist nicht das Verstummen, sondern die Flucht nach vorne. Dabei scheint mir ganz zentral, die Würde der Öffentlichkeit zu verteidigen, herzustellen oder vielleicht doch eher: sie immer wieder neu zu erfinden. Räume wie Bürger:innenräte zu schaffen, in denen viele um eine Lösung ringen. Zu erkennen, dass es nicht nur ein Wagnis ist, die Öffentlichkeit zu betreten, sondern auch eine Zumutung, sie zu missbrauchen. Dass es nicht nur gut ist, eine Meinung zu haben, sondern zuweilen besser, sie für sich zu behalten. Dass die Kunst des Schweigens ebenso viel zählt wie die Kunst des Streits. Wir sollten die Öffentlichkeit begreifen als einen Ort, in dem wirklich darum gerungen wird, was uns alle angeht.

Als Kind langweilte ich mich zu Beginn der Sommerferien immer fürchterlich. Ich wusste so gar nichts mit mir anzufangen. Sechs Wochen, die da vor mir lagen, kamen mir ewig lang und eintönig vor. Aber nach ein paar Tagen (es waren einer oder zwei, wenn überhaupt) änderte sich das plötzlich. Viele Ideen und Projekte kamen mir in den Sinn, und eine neue Energie fiel mir zu. Meistens wurden es zu viele Dinge, die ich machen wollte, ins Schwimmbad gehen mit Freunden, mit dem Fahrrad endlich diese eine Tour fahren, einen Staudamm bauen. Es war eine besondere Zeit. Ich denke, sie wurde dadurch möglich, dass für alle in meiner kleinen Welt die gewöhnliche Zeit stehen blieb. Die Zeit der Schule wartete, bis wir alle wieder aus den Ferien zurückkamen. Und weil die Zeit der Schule zum Stillstand kam, konnte die Zeit des Sommers eine erfüllte werden.

Muße und Stille, sie sind nur schwer für uns allein zu haben. Sie sind, wenn auch individuell erlebt, sozial organisiert. In einem Retreat entsteht Stille zwischen den Menschen, die diese auch trägt. Ob mein Gegenüber damals ohne uns alle die zwei Wochen durchgehalten hätte? Ich allein hätte es ohne die anderen nicht.[2] Und so mag die abendliche Dosis Achtsamkeit oder der Besuch in einer Sauna unsere Sehnsucht nach Stille ein wenig erfüllen und ein intensives Retreat womöglich ein wenig mehr. Gegen den Lärm der Welt aber müssen wir kollektiv Zeiten erstreiten, in denen die Welt zur Ruhe kommt. Erst dann kann Muße entstehen.

Literatur

Amlinger, Carolin und Oliver Nachtwey: *Gekränkte Freiheit: Aspekte des libertären Autoritarismus*, Bonn: bpb 2023.

Analayo: *Der direkte Weg – Satipatthana*, Stammbach: Beyerlein & Steinschulte 2010.

Arendt, Hannah: »Der Mensch, ein gesellschaftliches oder ein politisches Tier«, *Mensch und Politik*, 5. Aufl., Ditzingen: Reclam 2017, S. 7–47.

Arendt, Hannah: »Freiheit und Politik«, *Mensch und Politik*, 5. Aufl., Ditzingen: Reclam 2017, S. 48–88.

Arendt, Hannah: *Freiheit, frei zu sein*, 5. Aufl., München: dtv 2018.

Arendt, Hannah: *Vita activa oder Vom tätigen Leben*, Erweiterte Neuausgabe Aufl., München: Piper 2020.

Barbalet, Jack M.: »Boredom and Social Meaning«, in: *The British Journal of Sociology 50/4* (1999), S. 631–646.

Barker, Kristin K.: »Mindfulness Meditation: Do-It-Yourself Medicalization of Every Moment«, in: *Social Science & Medicine 106* (2014), S. 168–176.

Baumann, Martin: »Der Buddhismus im Abendland: Historische Entwicklung und gegenwärtige Präsenz«, in: *Religio 3/1* (1995), S. 17–42.

Bechert, Heinz: *Buddhismus, Staat und Gesellschaft in den Ländern des Theravada-Buddhismus*, Bd. 1: Grundlagen, Ceylon, Frankfurt am Main: Metzner 1966.

Berger, Peter L. und Thomas Luckmann: »Secularization and Pluralism«, in: *Internationales Jahrbuch für Religionssoziologie Bd.* 2 (1966), S. 73–84.

Bergson, Henri: *Denken und schöpferisches Werden*, Hamburg: Europäische Verlagsanstalt 1993.

Bergunder, Michael: »Umkämpfte Historisierung. Die Zwillingsgeburt von ›Religion‹ und ›Esoterik‹ in der zweiten Hälfte des 19. Jahrhunderts und das Programm einer globalen Religionsgeschichte«, in: Hock, Klaus (Hrsg.): *Wissen um Religion: Erkenntnis – Interesse. Epistemologie und*

Episteme in Religionswissenschaft und Interkultureller Theologie, Leipzig: Evangelische Verlagsanstalt 2020, S. 47–131.

Berlin, Isaiah: *Freiheit: Vier Versuche*, Frankfurt am Main: S. Fischer 1995.

Bernstein, Richard J.: *Denkerin der Stunde: Über Hannah Arendt*, Berlin: Suhrkamp 2020.

Boltanski, Luc und Ève Chiapello: *Der neue Geist des Kapitalismus*, Konstanz: UVK 2003.

Braun, Erik: *The Birth of Insight: Meditation, Modern Buddhism, and the Burmese Monk Ledi Sayadaw*, Chicago: University of Chicago Press 2013.

Brentano, Clemens: »Godwi oder Das steinerne Bild der Mutter: Ein verwilderter Roman von Maria«, in: Frühwald, Wolfgang; Friedhelm Kemp (Hrsg.): *Werke*, München: Hanser 1980.

Bröckling, Ulrich: »Vorbeugen ist besser: Zur Soziologie der Prävention«, in: *Behemoth. A Journal on Civilisation 1* (2008), S. 38–48.

Bulson, Eric: »Modernisms High and Low«, in: Rabaté, Jean-Michel (Hrsg.): *A Handbook of Modernism Studies: A Handbook of Modernism Studies*, John Wiley & Sons 2013, S. 55–73.

Bushart, Barbara: *Integrität und Verantwortung: Hannah Arendts Konzept der Rechtspersonalität und die Zerstörung der Person im Nationalsozialismus*, Bielefeld: transcript 2019.

Carrère, Emmanuel: *Yoga*, 2. Aufl., Berlin: Matthes & Seitz 2022.

Cho, Francisca: »Buddhism and Science: Translating and Re-translating Culture«, in: McMahan, David L. (Hrsg.): *Buddhism in the Modern World*, London: Routledge 2012, S. 273–288.

d'Eramo, Marco: *Die Welt im Selfie: Eine Besichtigung des touristischen Zeitalters*, Berlin: Suhrkamp 2018.

Ehrenberg, Alain: *Das erschöpfte Selbst: Depression und Gesellschaft in der Gegenwart*, Bd. 1875, 3. Aufl., Frankfurt am Main: Suhrkamp 2009.

Freiberger, Oliver und Christoph Kleine: *Buddhismus: Handbuch und kritische Einführung*, Göttingen: Vandenhoeck & Ruprecht 2011.

Fromm, Erich: *Die Furcht vor der Freiheit*, 14. Aufl., München: dtv 2008.

Fromm, Erich: »Vom Haben zum Sein: Wege und Irrwege der Selbsterfahrung«, in: Funk, Rainer (Hrsg.): *Schriften aus dem Nachlass*, Bd. 1, 4. Aufl., Weinheim: Beltz 1991.

Fromm, Erich: »Psychoanalyse und Zen-Buddhismus«, in: Fromm, Erich, Daisetz Teitaro Suzuki und Richard de DeMartino: *Zen-Buddhismus und Psychoanalyse*, Frankfurt am Main: Suhrkamp 1971, S. 101–179.

Fronsdal, Gil: »Insight Meditation in the United States: Life, Liberty, and the Pursuit of Happiness«, in: Prebish, Charles S. und Kenneth K. Tanaka

(Hrsg.): *The Faces of Buddhism in America*, Berkeley; Los Angeles; London: Universitiy of California Press 1998, S. 163–182.

Garcia, Tristan: *Das intensive Leben: Eine moderne Obsession*, Berlin: Suhrkamp 2017.

Gilpin, Richard: »The Use of Theravāda Buddhist Practices and Perspectives in Mindfulness-Based Cognitive Therapy«, in: *Contemporary Buddhism* 9/2 (2008), S. 227–251.

Goenka, Satya Narayan: *The Discourse Summaries: Talks from a Ten-Day Course in Vipassana Meditation Condensed by William Hart*, 4. Aufl., Onalaska, USA: Vipassana Research Publications 2008.

Goenka, Satya Narayan: »Vipassana Meditation and the Laws of Nature: An Interview with S. N. Goenka by Alan AtKisson«, in: Goenka, S. N.: *Meditation Now: Inner Peace through Inner Wisdom*, Chicago: Vipassana Research Publications 2003, S. 9–33.

Goldstein, Joseph: *Vipassana-Meditation: Die Praxis der Freiheit*, 5. Aufl., Freiamt im Schwarzwald: Arbor 2016.

Goldstein, Joseph: *Insight Meditation: The Practice of Freedom*, Boston: Shambhala Classcis 2003.

Gronemeyer, Marianne: *Das Leben als letzte Gelegenheit: Sicherheitsbedürfnisse und Zeitknappheit*, Darmstadt: Wissenschaftliche Buchgesellschaft 1993.

Gunaratana, Henepola: *Die Praxis der Achtsamkeit: Eine Einführung in die Vipassana-Meditation*, Heidelberg: Kristkeitz 1996.

Han, Byung-Chul: *Müdigkeitsgesellschaft*, 10. Aufl., Berlin: Matthes & Seitz 2014.

Han, Byung-Chul: *Psychopolitik: Neoliberalismus und die neuen Machttechniken*, Frankfurt am Main: S. Fischer 2014.

Harari, Yuval Noah: *21 Lektionen für das 21. Jahrhundert*, München: C.H. Beck 2018.

Hasse, Dag Nikolaus: *Was ist europäisch? Zur Überwindung kolonialer und romantischer Denkformen*, Stuttgart: Reclam 2021.

Heidenreich, Thomas und Johannes Michalak (Hrsg.): *Die »dritte Welle« der Verhaltenstherapie: Grundlagen und Praxis*, Weinheim: Beltz 2013.

Hesse, Hermann: *Siddhartha: Eine indische Dichtung*, Frankfurt am Main: Suhrkamp 1973.

Hesse, Hermann: *Gesammelte Briefe*, Bd. 2: 1922–1935, Frankfurt am Main: Suhrkamp 1979.

Hodder, Alan: »Asian Influences«, in: Myerson, Joel, Sandra Harbert Petrulionis und Laura Dassow Walls (Hrsg.): *The Oxford Handbook of Transcendentalism*, Oxford: Oxford University Press 2010, S. 27–37.

Höffe, Otfried: *Kritik der Freiheit: Das Grundproblem der Moderne*, München: C.H.Beck 2015.

Hsia, Adrian: »Katholizismus und Protestantismus versus Hinduismus und Buddhismus: Zu Hermann Hesses transkultureller Rezeption«, in: Detering, Heinrich (Hrsg.): *Der Buddha in der deutschen Dichtung: Zur Rezeption des Buddhismus in der frühen Moderne*, Göttingen: Wallstein 2014, S. 188–201.

Joas, Hans: »Die säkulare Option: Ihr Aufstieg und ihre Folgen«, in: *Deutsche Zeitschrift für Philosophie 67/2* (2009), S. 293–300.

Joerges, Bernward: »Expertise Lost: An Early Case of Technology Assessment«, in: *Social Studies of Science 24/1* (1994), S. 96–104.

Kabat-Zinn, Jon: *Zur Besinnung kommen: Die Weisheit der Sinne und der Sinn der Achtsamkeit in einer aus den Fugen geratenen Welt*, 4. Aufl., Freiamt im Schwarzwald: Arbor-Verl. 2011.

Kabat-Zinn, Jon: »An Outpatient Program in Behavioral Medicine for Chronic Pain Patients Based on the Practice of Mindfulness Meditation: Theoretical Considerations and Preliminary Results«, in: *General Hospital Psychiatry 4/1* (1982), S. 33–47.

Kabat-Zinn, Jon: *Im Alltag Ruhe finden: Meditationen für ein gelassenes Leben*, München: Knaur-Taschenbuch 2010.

Kabat-Zinn, Jon: »Foreword«, in: Segal, Zindel V., J. Mark G. Williams und John D. Teasdale: *Mindfulness-Based Cognitive Therapy for Depression: A New Approach to Preventing Relapse*, New York: Guilford Press 2002.

Kabat-Zinn, Jon: *Wherever You Go, There You Are: Mindfulness Meditation in Everyday Life*, New York: Hyperion 1994.

Kabat-Zinn, Jon: *Coming to Our Senses: Healing Ourselves and the World Through Mindfulness*, New York: Hyperion 2005.

Kabat-Zinn, Jon: *Full Catastrophe Living: Using the Wisdom of Your Body and Mind to Face Stress, Pain, and Illness*, Revised and Updated Edition, New York: Bantam Books Trade Paperback 2013.

Kabat-Zinn, Jon: *Gesund durch Meditation: Das große Buch der Selbstheilung mit MBSR*, vollständig überarbeitete Neuausgabe, München: Knaur 2013.

Keats, John: *Werke und Briefe*, Stuttgart: Reclam 1995.

Kemmerling, Andreas: »Pragmatische Wahrheit: Was uns im Leben weiterbringt«, in: Gassert, Philipp u. a. (Hrsg.): *Was Amerika ausmacht: Multidisziplinäre Perspektiven*, Stuttgart: Franz Steiner Verlag 2009.

Keown, Damien: *Lexikon des Buddhismus*, übers. von. Karl-Heinz Golzio, Düsseldorf: Patmos 2005.

Klimecki, Olga, Matthieu Ricard und Tania Singer: »Empathie versus Mitgefühl: Erkenntnisse aus der Forschung mit Erster-Person- und Dritter-Person-Methode«, in: Singer, Tania und Matthias Bolz (Hrsg.): *Compassion: Bridging Practice in Science*, Munich: Max Planck Society 2013, S. 281–297.

Konersmann, Ralf: *Die Unruhe der Welt*, 3. Aufl., Frankfurt am Main: S. Fischer 2015.

Kornfield, Jack: *Frag den Buddha – und geh den Weg des Herzens: Was uns bei der spirituellen Suche unterstützt*, 5. Aufl., München: Kösel-Verlag 2022.

Kornfield, Jack: *A Path with Heart: A Guide Through the Perils and Promises of Spiritual Life*, New York: Bantam Books 1993.

Kornfield, Jack und Joseph Goldstein: *Einsicht durch Meditation: Die Achtsamkeit des Herzens*, Freiamt im Schwarzwald: Arbor 2006.

Kübler, Lukas, Claus Leggewie und Patrizia Nanz: »Demokratische Innovation durch Bürgerräte«, in: *Aus Politik und Zeitgeschichte 26–27* (2021), S. 47–53.

Kury, Patrick: »Selbsttechniken zwischen Tradition und Innovation: Die ersten deutschsprachigen Stress-Ratgeber der 1970er Jahre«, *Das beratene Selbst: Zur Genealogie der Therapeutisierung in den »langen« Siebzigern*, transcript 2011, S. 139–158.

Küster, Hansjörg: *Die Alpen: Geschichte einer Landschaft*, München: C.H. Beck 2020.

Lafargue, Paul: *Das Recht auf Faulheit: Widerlegung des Rechts auf Arbeit von 1848*, Frankfurt: Trotzdem Verlag 2010.

Lessenich, Stephan: *Die Neuerfindung des Sozialen: Der Sozialstaat im flexiblen Kapitalismus*, 3. Aufl., transcript 2013.

Lessenich, Stephan: »Soziale Subjektivität: Die neue Regierung der Gesellschaft«, in: *Mittelweg 36/4* (2003), S. 80–93.

Lopez, Donald S.: *Buddhism & Science: A Guide for the Perplexed*, Chicago: The University of Chicago Press 2008.

Mahasi Sayadaw: Satipatthana Vipassana, BCBS Aufl., Access to Insight 2010.

McMahan, David L.: *The Making of Buddhist Modernism*, Oxford: Oxford University Press 2008.

Michaels, Axel: *Buddha: Leben, Lehre, Legende*, München: C.H. Beck 2011.

Michalak, Johannes, Thomas Heidenreich und J. Mark G. Williams: *Achtsamkeit*, Göttingen: Hogrefe 2012.

Mitchell, Scott A.: »Buddhism, Media and Popular Culture«, in: McMahan, David L. (Hrsg.): *Buddhism in the Modern World*, London: Routledge 2012, S. 305–323.

Mouffe, Chantal: »›Postdemokratie‹ und die zunehmende Entpolitisierung«, in: *Aus Politik und Zeitgeschichte 1–2* (2011), S. 3–5.

Muraca, Barbara: *Gut leben: Eine Gesellschaft jenseits des Wachstums*, 2. Aufl., Berlin: Wagenbach 2020.

Nhat Hanh: *Ich pflanze ein Lächeln*, 6. Aufl., München: Goldmann Arkana 2007.

Nhat Hanh: *Nenne mich bei meinen wahren Namen: Gesammelte Gedichte*, Berlin: Theseus 1997.

Nhat Hanh: *The Miracle of Mindfulness: An Introduction to the Practice of Meditation*, Boston: Beacon Press 1987.

Nhat Hanh: *Peace is Every Step: The Path of Mindfulness in Everyday Life*, New York: Bantam Books 1992.

Nhat Hanh: *Transformation and Healing: Sutra on the Four Establishments of Mindfulness*, New York: Parallax Press 2009.

Nhat Hanh: *Das Wunder der Achtsamkeit: Einführung in die Meditation*, Zürich: Theseus 1998.

Nyanaponika: *Geistestraining durch Achtsamkeit: Die buddhistische Satipaṭṭhāna-Methode*, 10. Aufl., Stammbach: Beyerlein und Steinschulte 2019.

Nyanaponika: *The Heart of Buddhist Meditation: A Handbook of Mental Training Based on the Buddha's Way of Mindfulness. Satipatthana. With an Anthology of Relevant Texts translated from the Pali and Sanskrit*, Kandy: Buddhist Publication Society 1992.

Nyanaponika: *The Heart of Buddhist Meditation: The Buddha's Way of Mindfulness*, hrsg. v. Revised Edition, Weiser 2014.

Oschmann, Dirk: *Der Osten: eine Westdeutsche Erfindung*, Berlin: Ullstein 2023.

Ottmann, Henning: »Liberale, republikanische, deliberative Demokratie«, in: *Synthesis philosophica 21/2* (2006), S. 315–325.

Pagis, Michal: »Producing Intersubjectivity in Silence: An Ethnographic Study of Meditation Practice«, in: *Ethnography 11/2* (2010), S. 309–328.

Pelluchon, Corine: *Die Durchquerung des Unmöglichen: Hoffnung in Zeiten der Klimakatastrophe*, München: C.H.Beck 2023.

Pickert, Kate: »The Art of Being Mindful«, in: *Time 183/4* (2014), S. 40–46.

Puddicombe, Andy: *Mach mal Platz im Kopf: Meditation bringt's!*, Knaur 2016.

Puddicombe, Andy: *Get Some Headspace: 10 Minutes Can Make All the Difference*, London: Hodder 2012.

Purser, Ronald: *McMindfulness: How Mindfulness Became the New Capitalist Spirituality*, London: Repeater 2019.

Purser, Ronald und David Loy: »Beyond McMindfulness«, in: *Huffington Post* (2013), http://www.huffingtonpost.com/ron-purser/beyond-mcmindfulness_b_3519289.html (abgerufen am 07.04.2016).

Rahula, Walpola: *Was der Buddha lehrt*, 2. Aufl., Bern: Origo 1982.

Recki, Birgit: *Freiheit*, Wien: facultas.wuv 2009.

Reckwitz, Andreas: *Die Erfindung der Kreativität: Zum Prozess gesellschaftlicher Ästhetisierung*, 3. Aufl., Berlin: Suhrkamp 2013.

Reckwitz, Andreas: »Dialektik der Sensibilität«, in: *Philosophie Magazin* 6 (2019), S. 56–61.

Reckwitz, Andreas: *Die Gesellschaft der Singularitäten: Zum Strukturwandel der Moderne*, Berlin: Suhrkamp 2017.

Reckwitz, Andreas: *Das hybride Subjekt: Eine Theorie der Subjektkulturen von der bürgerlichen Moderne zur Postmoderne*, Weilerswist: Velbrück Wissenschaft 2006.

Revel, Jean-François und Matthieu Ricard: *Der Mönch und der Philosoph: Buddhismus und Abendland. Ein Dialog zwischen Vater und Sohn*, 3. Aufl., Köln: Kiepenheuer & Witsch 2009.

Rosa, Hartmut: *Unverfügbarkeit*, 2. Aufl., Wien, Salzburg: Residenz 2019.

Rosa, Hartmut: »Terrorists and High-Speed Surfers: Towards a Sociological Conception of Performative Identity«, in: *BIOS – Zeitschrift für Biographieforschung, Oral History und Lebensverlaufsanalysen* 24/2 (2011), S. 204–223.

Rosa, Hartmut: *Weltbeziehungen im Zeitalter der Beschleunigung: Umrisse einer neuen Gesellschaftskritik*, Berlin: Suhrkamp 2012.

Rosa, Hartmut: *Resonanz: Eine Soziologie der Weltbeziehung*, Berlin: Suhrkamp 2016.

Rosa, Hartmut: *Beschleunigung: Die Veränderung der Zeitstrukturen in der Moderne*, Frankfurt am Main: Suhrkamp 2005.

Rosa, Hartmut, David Strecker und Andrea Kottmann: *Soziologische Theorien*, 2. Aufl., Konstanz: UVK 2013.

Rosenthal, Caroline: »Modell des einfachen Lebens: Henry David Thoreaus *Walden*«, in: Matuschek, Stefan und Sandra Kerschbaumer (Hrsg.): *Romantik erkennen – Modelle finden*, Paderborn: Ferdinand Schöningh 2019, S. 169–186.

Rössler, Beate: *Autonomie: Ein Versuch über das gelungene Leben*, Berlin: Suhrkamp 2017.

Said, Edward W.: *Orientalismus*, Frankfurt am Main: Fischer 2009.

Sauerborn, Elgen: »Die Politisierung der Achtsamkeit: Extinction Rebellions gefühlvolle Protestpraktiken.«, in: *Working Paper SFB 1171 Affective Societies 02/21* (2021), https://refubium.fu-berlin.de/handle/fub188/17614.

Sayadaw U Pandita: *In This Very Life: Liberation Teachings of the Buddha*, 2. Aufl., Somerville: Wisdom Publications 1995.

Schäfer, Hilmar: »Einleitung«, in: Schäfer, Hilmar (Hrsg.): *Praxistheorie: Ein soziologisches Forschungsprogramm*, Bielefeld: transcript 2016, S. 9–25.

Schlegel, Friedrich von: *Über die Sprache und die Weisheit der Indier: Ein Beitrag zur Begründung der Altertumskunde*, Amsterdam: Benjamins 1977.

Schmidt, Jacob: *Achtsamkeit als kulturelle Praxis: Zu den Selbst-Welt-Modellen eines populären Phänomens*, Bielefeld: transcript Verlag 2020.

Schmidt, Jacob: »Jon Kabat-Zinns Modellierung der Achtsamkeit als Meilenstein ihrer Popularität«, *Achtsame Hochschulen in der digitalen Gesellschaft*, transcript 2024, S. (in press).

Schmidt, Stefan: »Der Weg der Achtsamkeit: Vom historischen Buddhismus zur modernen Bewusstseinskultur«, in: Hölzel, Britta und Christine Brähler (Hrsg.): *Achtsamkeit mitten im Leben: Anwendungsgebiete und wissenschaftliche Perspektiven*, München: Barth 2015, S. 21–42.

Seel, Martin: *Paradoxien der Erfüllung: Philosophische Essays*, Frankfurt am Main: Fischer 2006.

Seel, Martin: *111 Tugenden, 111 Laster: Eine philosophische Revue*, Frankfurt am Main: Fischer 2011.

Segal, Zindel V., J. Mark G. Williams und John D. Teasdale: *Mindfulness-Based Cognitive Therapy for Depression: A New Approach to Preventing Relapse*, New York: Guilford Press 2002.

Simmel, Georg: »Die Großstädte und das Geistesleben«, in: Simmel, Georg: *Gesamtausgabe*, Bd. 7: Aufsätze und Abhandlungen: 1901–1908, Band 1, hrsg. v. Rüdiger Kramme, Angela Rammstedt und Otthein Rammstedt, Frankfurt am Main: Suhrkamp 1995, S. 116–131.

Sloterdijk, Peter: *Eurotaoismus: Zur Kritik der politischen Kinetik*, Sonderausgabe Aufl., Frankfurt am Main: Suhrkamp 1996.

Stäheli, Urs: »Subversive Praktiken? Cultural Studies und die ›Macht‹ der Globalisierung«, in: Hörning, Karl H. und Julia Reuter (Hrsg.): *Doing Culture: Neue Positionen zum Verhältnis von Kultur und sozialer Praxis*, Bielefeld: transcript 2004, S. 154–166.

Suzuki, Daisetz Teitaro: »Über Zen-Buddhismus«, in: Fromm, Erich, Daisetz Teitaro Suzuki und Richard de DeMartino: *Zen-Buddhismus und Psychoanalyse*, Frankfurt am Main: Suhrkamp 1971, S. 9–100.

Svendsen, Lars: *Kleine Philosophie der Langeweile*, Frankfurt am Main: Insel 2002.

Tan, Chade-Meng: *Search Inside Yourself: Optimiere dein Leben durch Achtsamkeit*, 7. Aufl., München: Goldmann 2015.

Tan, Chade-Meng: *Search Inside Yourself: The Unexpected Path to Achieving Success, Happiness (and World Peace)*, New York: HarperOne 2012.

Taylor, Charles: *Quellen des Selbst: Die Entstehung der neuzeitlichen Identität*, 8. Aufl., Frankfurt am Main: Suhrkamp 2012.

Taylor, Charles: »Der Irrtum der negativen Freiheit«, *Negative Freiheit? Zur Kritik des neuzeitlichen Individualismus*, Frankfurt am Main: Suhrkamp 1988, S. 118–144.

Taylor, Charles: *Ein säkulares Zeitalter*, Frankfurt am Main: Suhrkamp 2009.

Thoreau, Henry David: »Walden«, in: Thoreau, Henry David: *The Portable Thoreau*, hrsg. v. Jeffrey S. Cramer, New York: Penguin Books 2012, S. 199–468.

Thoreau, Henry David: *Walden oder Leben in den Wäldern*, Zürich: Diogenes 1979.

Thoreau, Henry David: »Leben ohne Prinzipien«, in: Thoreau, Henry David: *Über die Pflicht zum Ungehorsam gegen den Staat und andere Essays*, Zürich: Diogenes 1984, S. 37–62.

Waley, Arthur: *Lebensweisheit im Alten China*, Frankfurt am Main: Suhrkamp 1974.

Wambach, Achim: *Klima muss sich lohnen*, Freiburg im Breisgau: Herder 2022.

Weber, Max: »Wissenschaft als Beruf«, in: Weber, Max: *Gesammelte Aufsätze zur Wissenschaftslehre*, hrsg. v. Johannes Winckelmann, 6. Aufl., Tübingen: Mohr 1985, S. 582–613.

Welzer, Harald: *Selbst denken: Eine Anleitung zum Widerstand*, 5. Aufl., Frankfurt am Main: Fischer 2015.

Wilson, Jeff: *Mindful America: The Mutual Transformation of Buddhist Meditation and American Culture*, New York: Oxford University Press 2014.

Woodhead, Linda und Paul Heelas (Hrsg.): *Religion in Modern Times: An Interpretive Anthology*, Oxford: Blackwell 2005.

Wright, Robert: *Why Buddhism is True: The Science and Philosophy of Meditation and Enlightenment*, New York: Simon & Schuster 2017.

Zimbardo, Philip und John Boyd: *Die neue Psychologie der Zeit und wie sie Ihr Leben verändern wird*, Heidelberg: Spektrum Akademischer Verlag 2009.

Anmerkungen

Einleitung: Aus der Zeit fallen

1 So steht es auf der Titelseite der *Time* vom 3. Februar 2014 mit Verweis auf den Leitartikel von Pickert, Kate: »The Art of Being Mindful«, in: *Time 183/4* (2014), S. 40–46. Zur Mainstream-Diagnose vgl. den Artikel *Beyond McMindfulness* von Ronald Purser und David Loy von 2013 auf https://www.huffpost.com/entry/beyond-mcmindfulness_b_3519289 (letzter Abruf: 2.1.2024) und darauf aufbauend und umfangreich Purser, Ronald: *McMindfulness: How Mindfulness Became the New Capitalist Spirituality,* London: Repeater 2019.

2 Die Daten für die Verlaufskurve »Deutsche Zeitungen« stammen aus dem DWDS-Zeitungskorpus, der aus zahlreichen überregionalen Tages- und Wochenzeitungen besteht, vgl. die DWDS-Wortverlaufskurve für »Achtsamkeit«, erstellt durch das Digitale Wörterbuch der deutschen Sprache https://www.dwds.de/r/plot/?view=2&corpus=zeitungenxl&norm=abs&smooth=line&genres=0&grand=1&slice=1&prune=0&window=0&wbase=0&logavg=0&logscale=0&xrange=1946%3A2023&q1=Achtsamkeit (letzter Abruf: 1.2.2024). Die Daten für die Verlaufskurve »Wissenschaftliche Veröffentlichungen« basieren auf einer Suchanfrage auf *Web Of Science,* einer der führenden Online-Datenbanken für wissenschaftliche Publikationen, vgl. https://www.webofscience.com/wos/woscc/summary/2d1d30fe-3cbe-4619-b774-78b6ec425c96-ca123f3a/relevance/1 (letzter Abruf: 1.2.2024).

3 Viele der in diesem Buch ausgeführten Gedanken basieren auf meiner Dissertationsschrift, vgl. Schmidt, Jacob: *Achtsamkeit als kulturelle Praxis: Zu den Selbst-Welt-Modellen eines populären Phänomens,* Bielefeld: transcript Verlag 2020.

Die vergebliche Suche nach dem Kern

1 Eine dritte Antwort besteht darin, man könne über Achtsamkeit nichts sagen, sondern sie nur erfahren. Das würde aber bedeuten, ich müsste dieses Kapitel direkt beenden, und auch das gesamte Buchprojekt stünde infrage.

2 Vgl. zur Ununterscheidbarkeit von Natur/Kultur in Bezug auf die Alpen Küster, Hansjörg: *Die Alpen: Geschichte einer Landschaft,* München: C.H. Beck 2020.

3 Schäfer, Hilmar: »Einleitung«, in: Schäfer, Hilmar (Hrsg.): *Praxistheorie: Ein soziologisches Forschungsprogramm,* Bielefeld: transcript 2016, S. 9–25 Herv. J.S.

4 Der folgende geschichtliche Überblickt orientiert sich eng an der Arbeit von Wilson, Jeff: *Mindful America: The Mutual Transformation of Buddhist Meditation and American Culture,* New York: Oxford University Press 2014. Zu der Einschätzung, dass es einer der verbreitetsten Irrtümer im »Westen« sei, den Buddhismus vor allem mit Meditation gleichzusetzen, vgl. Freiberger, Oliver und Christoph Kleine: *Buddhismus: Handbuch und kritische Einführung,* Göttingen: Vandenhoeck & Ruprecht 2011, S. 462 ff. und Braun, Erik: *The Birth of Insight: Meditation, Modern Buddhism, and the Burmese Monk Ledi Sayadaw,* Chicago: University of Chicago Press 2013, S. 3.

5 Der Begriff »Buddhistischer Modernismus« stammt von Bechert, Heinz: *Buddhismus, Staat und Gesellschaft in den Ländern des Theravada-Buddhismus,* Bd. 1: Grundlagen. Ceylon, Frankfurt am Main: Metzner 1966. Eine umfangreiche Analyse zu einem der Reformer, Ledi Sayadaw, findet sich bei Braun: *The Birth of Insight.*

6 Die Übersetzungen der Pali- und Sanskrit-Begriffe entnehme ich, falls nicht anders angegeben, von Keown, Damien: *Lexikon des Buddhismus*, übers. von. Karl-Heinz Golzio, Düsseldorf: Patmos 2005. Ich verzichte dabei in diesem Buch auf die diakritischen Zeichen, die vor allem für die Aussprache von Relevanz sind. Für das Nachschlagen und Auffinden sollten dadurch keine Nachteile entstehen.

7 Vgl. zur Übersetzung Schmidt, Stefan: »Der Weg der Achtsamkeit: Vom historischen Buddhismus zur modernen Bewusstseinskultur«, in: Hölzel, Britta und Christine Brähler (Hrsg.): *Achtsamkeit mitten im Leben: Anwendungsgebiete und wissenschaftliche Perspektiven*, München: Barth 2015, S. 21–42, hier S. 33.

8 Zu dieser Übersetzung und zur buddhologischen Analyse und Interpretation des satipatthana-sutta vgl. das Werk von Analayo: *Der direkte Weg – Satipatthana*, Stammbach: Beyerlein & Steinschulte 2010.

9 Vgl. zur Rezeption des Buddhismus Baumann, Martin: »Der Buddhismus im Abendland: Historische Entwicklung und gegenwärtige Präsenz«, in: *Religio 3/1* (1995), S. 17–42.

10 Der wohl bekannteste Protagonist der populären Achtsamkeit, Jon Kabat-Zinn, wird auf der Neuausgabe des Buches wie folgt zitiert: »The book that started it all.« Vgl. Nyanaponika: *The Heart of Buddhist Meditation: The Buddha's Way of Mindfulness*, hrsg. v. Revised Edition, Weiser 2014.

11 Nyanaponika: *Geistestraining durch Achtsamkeit: Die buddhistische Satipaṭṭhāna-Methode*, 10. Aufl., Stammbach: Beyerlein und Steinschulte 2019, S. 16.

12 Vgl. Fromm, Erich: »Vom Haben zum Sein: Wege und Irrwege der Selbsterfahrung«, in: Funk, Rainer (Hrsg.): *Schriften aus dem Nachlass*, Bd. 1, 4. Aufl., Weinheim: Beltz 1991.

13 In Deutschland gibt es ein Zentrum und drei »andere Kursorte«, also Orte, an denen nicht vollzeit die Goenka-Methode gelehrt wird. Weltweit sind es 240 Zentren und 142 »andere Kursorte«. Vgl. https://www.dhamma.org/de/locations/directory# (letzter Abruf: 6.12.2023).

14 Vgl. Carrère, Emmanuel: *Yoga*, 2. Aufl., Berlin: Matthes & Seitz 2022; Harari, Yuval Noah: *21 Lektionen für das 21. Jahrhundert*, München: C.H. Beck 2018.

15 Vgl. zur Geschichte und dem Einfluss der *Insight Meditation Society* und des *Spirit Rock Meditation Center* Fronsdal, Gil: »Insight Meditation in the United States: Life, Liberty, and the Pursuit of Happiness«, in: Prebish, Charles S. und Kenneth K. Tanaka (Hrsg.): *The Faces of Buddhism in America*, Berkeley; Los Angeles; London: University of California Press 1998, S. 163–182.

16 Vgl. Nhat Hanh: *Transformation and Healing: Sutra on the Four Establishments of Mindfulness*, New York: Parallax Press 2009.

17 So wird zumindest Kabat-Zinn auf der Website der *Insight Meditation Society* zitiert, vgl. https://www.dharma.org/about-us/ims-turns-40/ (letzter Abruf: 6.12.2023). Vgl. zu den Einflüssen auf Kabat-Zinn auch Gilpin, Richard: »The Use of Theravāda Buddhist Practices and Perspectives in Mindfulness-Based Cognitive Therapy«, in: *Contemporary Buddhism* 9/2 (2008), S. 227–251, hier S. 238.

18 Vgl. dazu etwa Michalak, Johannes, Thomas Heidenreich und J. Mark G. Williams: *Achtsamkeit*, Göttingen: Hogrefe 2012.

19 Das Foto ist im folgenden Artikel zu sehen: https://www.faz.net/aktuell/karriere-hochschule/buero-co/stressabbau-manager-13388916.html (letzter Abruf: 29.9.2023).

20 Zur Achtsamkeit in Gefängnissen vgl. z.B. das Projekt *Prison Mindfulness*, https://www.prisonmindfulness.org/about (letzter Abruf: 28.09.2023). Die Verwendung der Achtsamkeit im Militär hat innerhalb der Achtsamkeitsszene eine Debatte ausgelöst, vgl. dazu Purser, Ronald und David Loy: »Beyond McMindfulness«, in: *Huffington Post* (2013), http://www.huffingtonpost.com/ron-purser/beyond-mcmindfulness_b_3519289.html (abgerufen am 07.04.2016).

21 Vgl. Purser: *McMindfulness*.

22 Empirische Basis dieser von mir entwickelten Achtsamkeitstypen sind 14 Achtsamkeits-Ratgeber, die ich nach den Kriterien der Bekanntheit und der Repräsentativität für die verschiedenen Etappen der Achtsamkeit ausgewählt habe. Mehr dazu in meiner Dissertation, vgl. Schmidt: *Achtsamkeit als kulturelle Praxis*, Teil. 1.

23 In der buddhistischen Lehre ist die Bestimmung der Achtsamkeit durchaus vielschichtig. Achtsamkeit wird unter anderem als sogenannte »Fähigkeit« *(Pali: indriya)*, »Erwachensfaktor« *(Pali: bojjhaiga)* oder auch als Glied des

»Edlen Achtfältigen Pfads« *(Pali: ariya atthangika magga)* aufgefasst, vgl. dazu Analayo: *Der direkte Weg – Satipatthana*, S. 61. Um mich in diesen Feinheiten nicht zu verheddern, spreche ich von einem Selbst- und Weltverhältnis oder einer Haltung.

24 Gunaratana, Henepola: *Die Praxis der Achtsamkeit: Eine Einführung in die Vipassana-Meditation*, Heidelberg: Kristkeitz 1996, S. 147.

25 Ebd.

26 Ebd., S. 148.

27 Im Englischen heißt es entsprechend meist: »seeing things as they really are«. Diese Phrase ist eine Übersetzung des Begriffs *yatha-bhuta* (Sanskrit), vgl. dazu Rahula, Walpola: *Was der Buddha lehrt*, 2. Aufl., Bern: Origo 1982, S. 32.

28 Nhat Hanh: *Ich pflanze ein Lächeln*, 6. Aufl., München: Goldmann Arkana 2007, S. 30.

29 Die Unterscheidung von formellen und informellen Praktiken stammt meines Wissens nach von Jon Kabat-Zinn. Sie ist aber auch analytisch sinnvoll, weshalb ich sie übernehme.

30 Vgl. für diese und weitere Beispiele Kabat-Zinn, Jon: *Wherever You Go, There You Are: Mindfulness Meditation in Everyday Life*, New York: Hyperion 1994, S. 146f.; vgl. zum Abwaschen Nhat Hanh: *The Miracle of Mindfulness: An Introduction to the Practice of Meditation*, Boston: Beacon Press 1987, S. 87.

31 Hierbei handelt es sich um eine analytische Unterscheidung, nicht um eine empirische. Auch die Sitzmediation könnte ja als eine »Achtsamkeit bei« bestimmt werden, da wir beim Sitzen achtsam sind. Allerdings ist ja gerade das bis auf wenige Ausnahmen nicht der Fall: Nicht das alltägliche Sitzen ist Gegenstand der Meditation, sondern das Sitzen eine Haltung, die die »Achtsamkeit von« unterstützen soll.

32 Vgl. dazu etwa Kornfield, Jack: *Frag den Buddha – und geh den Weg des Herzens: Was uns bei der spirituellen Suche unterstützt*, 5. Aufl., München: Kösel-Verlag 2022, S. 78 f.

33 In der deutschen Übersetzung wird leider der unpräzise Begriff »sorgfältig« gewählt, vgl. ebd.; zum Englischen Kornfield, Jack: *A Path with Heart: A Guide Through the Perils and Promises of Spiritual Life*, New York: Bantam Books 1993, S. 53.

34 Vgl. dazu etwa Kabat-Zinn: *Wherever You Go, There You Are*, S. 5.

35 Kabat-Zinn, Jon: *Coming to Our Senses: Healing Ourselves and the World Through Mindfulness*, New York: Hyperion 2005, S. 448.

36 Nhat Hanh: *The Miracle of Mindfulness*, S. 3.

37 Der erste Satz ist eine eigene Übersetzung von Kabat-Zinn: *Wherever You Go, There You Are* xvi; der zweite Satz ist zitiert aus der deutschen Ausgabe, vgl. Kabat-Zinn, Jon: *Im Alltag Ruhe finden: Meditationen für ein gelassenes Leben*, München: Knaur-Taschenbuch 2010, S. 10.

38 Nhat Hanh: *Peace is Every Step: The Path of Mindfulness in Everyday Life*, New York: Bantam Books 1992, S. 96; die deutsche Übersetzung bringt diese Formel mit »›Sein‹ ist Zusammensein.« leider sehr ungenügend zum Ausdruck, vgl. Nhat Hanh: *Ich pflanze ein Lächeln*, S. 116.

39 Kornfield spricht hier ähnlich von einer »Kostbarkeit aller Dinge« (»preciousness of all things«), vgl. Kornfield: *A Path with Heart*, S. 13.

40 Da die deutsche Übersetzung hier nicht akkurat ist, habe ich die Phrase »our appreciation of impermanence« selbst übersetzt, vgl. Kabat-Zinn: *Wherever You Go, There You Are*, S. 214 f.

41 Vgl. zur Geschichte des SIY-Instituts deren Website https://siyli.org/about/ (letzter Abruf: 6.10.2023). Dass dort ausgebildete Lehrende bei SAP tätig sind, wird auf der Website von SAP deutlich, vgl. https://news.sap.com/germany/2022/09/achtsamkeit-neue-superkraft/ (letzter Abruf: 6.10.2023).

42 Auch hier gilt natürlich, dass ich Idealtypen bilde: Die gesundheitsfördernden Effekte der Meditation finden sich auch bereits vereinzelt im distanziert-sezierenden und durchaus gehäuft im interessiert-sorgenden Achtsamkeitstyp – aber entweder werden sie hier als erfreuliche Nebeneffekte relativiert, oder aber sie nehmen schlicht nicht die Position der letztendlichen Begründung für die Notwendigkeit von Achtsamkeitsübungen ein.

43 Vgl. dazu den Artikel von Julia Koch, Kerstin Kullmann und Tim Neumann im Spiegel: https://www.spiegel.de/wissenschaft/achtsamkeitstrend-was-sind-die-risiken-von-meditation-und-yoga-a-ba00dd0c-0fbd-4fb0-839e-1274476040c8?sara_ref=re-xx-cp-sh (letzter Abruf: 14.2.2024).

44 Tan, Chade-Meng: *Search Inside Yourself: The Unexpected Path to Achieving Success, Happiness (and World Peace)*, New York: HarperOne 2012, S. 50.

45 Zur Differenzierung sei trotz der für die Bildung von Idealtypen notwendige Verallgemeinerung angemerkt, dass Tan mit seinem Google-Kurs durchaus den Anspruch hat, die Welt positiv zu verändern. Sein Buch trägt so auch den Untertitel: *The Unexpected Path to Achieving Success, Happiness (and World Peace)*. Ich werde darauf in Kapitel 3 zurückkommen.

46 Puddicombe, Andy: *Mach mal Platz im Kopf: Meditation bringt's!*, Knaur 2016, S. 21, Hervorhebung im Original.

47 Puddicombe, Andy: *Get Some Headspace: 10 Minutes Can Make All the Difference*, London: Hodder 2012, S. 11.

48 Tan bringt es in seiner für ihn charakteristischen Klarheit auf den Punkt: »Vom Zwang zur Wahl«, vgl. Tan, Chade-Meng: *Search Inside Yourself: Optimiere dein Leben durch Achtsamkeit*, 7. Aufl., München: Goldmann 2015, S. 151. In dieser deutschen Übersetzung (Englisch: *From Compulsion to Choice*) deutet sich eine zweite Bedeutung an, auf die ich im Kapitel 4 noch eingehen werde: den Zwang, wählen zu müssen.

49 Ebd., S. 32 und passim.

50 Kabat-Zinn: *Im Alltag Ruhe finden*, S. 125.

1 Vgl. zu dem Orientalismus in *Matrix* den erhellenden Blogeintrag von Jerrine Tan: https://lareviewofbooks.org/article/orientalism-in-our-code-the-matrix-resurrections-hollywood-and-anti-asian-violence/ (letzter Abruf: 18.7.2023).

2 Gewöhnlich wird zur Lebenszeit des historischen Buddha 560–480 v. Chr. angegeben. Das wird aber wissenschaftlich stark bezweifelt und so ist wohl wahrscheinlicher, dass der historische Buddhat zwischen Mitte des 5. und Mitte des 4. Jahrhunderts v. Chr. gelebt hat, vgl. Michaels, Axel: *Buddha: Leben, Lehre, Legende*, München: C.H. Beck 2011, S. 10 f. bzw. 21 f.

3 Vgl. Nyanaponika: *Geistestraining durch Achtsamkeit*, S. 9, 11.

4 Vgl. dazu Revel, Jean-François und Matthieu Ricard: *Der Mönch und der Philosoph: Buddhismus und Abendland. Ein Dialog zwischen Vater und Sohn*, 3. Aufl., Köln: Kiepenheuer & Witsch 2009 und Waley, Arthur: *Lebensweisheit im Alten China*, Suhrkamp 1974.

5 Vgl. Said, Edward W.: *Orientalismus*, Frankfurt am Main: Fischer 2009.

6 Vgl. Hasse, Dag Nikolaus: *Was ist europäisch? Zur Überwindung kolonialer und romantischer Denkformen*, Stuttgart: Reclam 2021, S. 10 und 32. Dieser Essay gibt einen sehr übersichtlichen und systematischen Überblick über das aktuelle Sprechen über »Europa« und damit einem Sub-Diskurs zum Ost-West-Diskurs. Wie sehr die für den Orientalismus entwickelten Analyse-Kategorien auch für den innerdeutschen »Ost-West-Diskurs« fruchtbar gemacht werden können, hat jüngst Oschmann in seinem Pamphlet *Der Osten: eine westdeutsche Erfindung* gezeigt, vgl. Oschmann, Dirk: *Der Osten: eine Westdeutsche Erfindung*, Berlin: Ullstein 2023.

7 Illustrativ hierfür ist die Ausstellung »Rembrandts Orient«, vgl. https://www.museum-barberini.de/rembrandt/ (letzter Aufruf 10. 10. 2023).

8 Vgl. dazu Mitchell, Scott A.: »Buddhism, Media and Popular Culture«, in: McMahan, David L. (Hrsg.): *Buddhism in the Modern World*, London: Routledge 2012, S. 305–323.

9 Vgl. Suzuki, Daisetz Teitaro: »Über Zen-Buddhismus«, in: Fromm, Erich, Daisetz Teitaro Suzuki und Richard de DeMartino: *Zen-Buddhismus und Psychoanalyse*, Frankfurt am Main: Suhrkamp 1971, S. 9–100, hier S. 13.

10 Umfangreich nicht nur den Buddhismus betreffend, wird diese Perspektive aus einer religionswissenschaftlichen Perspektive begründet und exemplarisch vorgeführt bei Bergunder, Michael: »Umkämpfte Historisierung. Die Zwillingsgeburt von ›Religion‹ und ›Esoterik‹ in der zweiten Hälfte des 19. Jahrhunderts und das Programm einer globalen Religionsgeschichte«, in: Hock, Klaus (Hrsg.): *Wissen um Religion: Erkenntnis – Interesse. Epistemologie und Episteme in Religionswissenschaft und Interkultureller Theologie*, Leipzig: Evangelische Verlagsanstalt 2020, S. 47–131.

11 Zum Zeitungsartikel in *The Independent* vgl. https://www.independent.co.uk/news/uk/this-britain/the-happiest-man-in-the-world-433063.html (letzter Abruf: 7. Dezember 2023). Zur Referenz darauf innerhalb der

Achtsamkeitsbewegung vgl. Tan: *Search Inside Yourself: The Unexpected Path to Achieving Success, Happiness (and World Peace)*, S. 2. Zur Zurückweisung durch den gemeinten Ricard selbst vgl. https://www.faz.net/aktuell/wissen/der-guru-von-davos-ist-hirnforscher-und-moench-trainieren-sie-ihr-mitgefuehl-14708547.html (letzter Abruf: 7.12.2023).

12 Vgl. zur Abgrenzung zum Christentum Bergunder: »*Umkämpfte Historisierung. Die Zwillingsgeburt von ›Religion‹ und ›Esoterik‹ in der zweiten Hälfte des 19. Jahrhunderts und das Programm einer globalen Religionsgeschichte*«, S. 90 f.

13 Vgl. McMahan, David L.: *The Making of Buddhist Modernism*, Oxford: Oxford University Press 2008, S. 91 ff.

14 Der Diskurs, Buddhismus mit Wissenschaften, zu versöhnen, hält an. Besonders hervorzuheben ist das Wirken des 14. Dalai Lama Tendzin Gyatsho, etwa in dem von ihm mitgegründeten *Mind and Life Institute*. Ein besonders offensiv vorgetragener, aktueller Versuch findet sich in dem Buch *Why Buddhism is true* des Bestsellerautors Robert Wright, Robert: *Why Buddhism is True: The Science and Philosophy of Meditation and Enlightenment*, New York: Simon & Schuster 2017.

15 Vgl. dazu Cho, Francisca: »Buddhism and Science: Translating and Re-translating Culture«, in: McMahan, David L. (Hrsg.): *Buddhism in the Modern World*, London: Routledge 2012, S. 273–288, hier S. 274 f.; Lopez, Donald S.: *Buddhism & Science: A Guide for the Perplexed*, Chicago: The University of Chicago Press 2008.

16 Vgl. dazu Bechert: *Buddhismus, Staat und Gesellschaft in den Ländern des Theravada-Buddhismus*, der den buddhistischen Modernismus in Südostasien untersucht und dabei neben der Meditation, auf die ich mich hier fokussiere, zahlreiche andere Facetten des buddhistischen Modernismus wie Nationalismus aufzeigt. Vgl. zum globalisierten buddhistischen Modernismus auch das Buch *The Making of Buddhist Modernism* von McMahan.

17 Vgl. Hsia, Adrian: »Katholizismus und Protestantismus versus Hinduismus und Buddhismus: Zu Hermann Hesses transkultureller Rezeption«, in: Detering, Heinrich (Hrsg.): *Der Buddha in der deutschen Dichtung: Zur Rezeption des Buddhismus in der frühen Moderne*, Göttingen: Wallstein 2014, S. 188–201, hier S. 190 ff.

18 Der Religionswissenschaftler McMahan bezeichnet diese Strategie als »core-versus-accretions model«, vgl. McMahan: *The Making of Buddhist Modernism*, S. 65.

19 Vgl. etwa Kabat-Zinn, Jon: *Full Catastrophe Living: Using the Wisdom of Your Body and Mind to Face Stress, Pain, and Illness*, Revised and Updated Edition Aufl., New York: Bantam Books Trade Paperback 2013, S. 603.

20 Vgl. Rahula: *Was der Buddha lehrt*. Eine ähnliche, sehr bemerkenswerte Passage findet sich bei Nyanaponika. Bei der Begründung einer für ihn zentralen Annahme, auf die ich später im Kapitel 3 ausführlich eingehen werde, grenzt er das Erlösungsversprechen des Buddhismus von dem der Bibel, genauer: vom ersten Satz der Bibel, ab (vgl. Nyanaponika: *Geistestraining durch Achtsamkeit*, S. 14). Während er den ersten Satz zur gesamten Lehre des Christenstums erhebt, der zudem keiner Interpretation bedürfe, vergleicht er ihn mit einem für seine Zwecke passenden Satz des Pali-Kanons. Es ist daher ein gutes Beispiel für einen selektive und strategische Abgrenzung.

21 Mahasi Sayadaw: *Satipatthana Vipassana*, BCBS Aufl., Access to Insight 2010, S. 169, eigene Übersetzung aus dem Englischen. Ich verwende hier wie im gesamten Buch die buddhistischen Termini, wie sie im *Lexikon des Buddhismus* übersetzt werden.

22 Kornfield: *Frag den Buddha – und geh den Weg des Herzens*, S. 193; da die Phrase »in this very life« in der deutschen Übersetzung fehlt, habe ich sie in eigener Übersetzung ergänzt, vgl. das englische Original Kornfield: *A Path with Heart*, S. 141.

23 Vgl. Berger, Peter L. und Thomas Luckmann: »Secularization and Pluralism«, in: *Internationales Jahrbuch für Religionssoziologie Bd. 2* (1966), S. 73–84, hier S. 82.

24 Nyanaponika: *Geistestraining durch Achtsamkeit*, S. 35.

25 Vgl. ebd., S. 31.

26 Vgl. Goenka, Satya Narayan: *The Discourse Summaries: Talks from a Ten-Day Course in Vipassana Meditation Condensed by William Hart*, 4. Aufl., Onalaska, USA: Vipassana Research Publications 2008, S. 44; bzw. Goenka, Satya Narayan: »Vipassana Meditation and the Laws of Nature: An Interview with S. N. Goenka by Alan Atkisson«, in: Goenka, S. N.: *Meditation Now: Inner Peace through Inner Wisdom*, Chicago: Vipassana Research Publications 2003, S. 9–33, hier S. 25.

27 Vor allem sei hier auf die Arbeiten der Neurowissenschaftlerin Tania Singer verwiesen, die in der Max-Planck-Gesellschaft die Meditationsforschung bereits lange vorantreibt und auch Vorstandsmitglied des *Mind and Life Institute* war. Vgl. dazu etwa die Publikation von Klimecki, Olga, Matthieu Ricard und Tania Singer: »Empathie versus Mitgefühl: Erkenntnisse aus der Forschung mit Erster-Person- und Dritter-Person-Methode«, in: Singer, Tania und Matthias Bolz (Hrsg.): *Compassion: Bridging Practice in Science*, Munich: Max Planck Society 2013, S. 281–297 vgl.: http://www.compassion-training.org/?page=download&lang=de#prettyPhoto (letzter Abruf: 18.03.2024.)

28 Nyanaponika: *Geistestraining durch Achtsamkeit*, S. 35.

29 Kabat-Zinn: *Im Alltag Ruhe finden*, S. 18.

30 Vgl. Kabat-Zinn, Jon: »An Outpatient Program in Behavioral Medicine for Chronic Pain Patients Based on the Practice of Mindfulness Meditation: Theoretical Considerations and Preliminary Results«, in: *General Hospital Psychiatry 4/1* (1982), S. 33–47, hier S. 34.

31 Vgl. Kury, Patrick: »Selbsttechniken zwischen Tradition und Innovation: Die ersten deutschsprachigen Stress-Ratgeber der 1970er Jahre«, *Das beratene*

Selbst: Zur Genealogie der Therapeutisierung in den »langen« Siebzigern, transcript 2011, S. 139–158.

32 Vgl. Kabat-Zinn: *Full Catastrophe Living*, Teil. III.

33 Für die breite Verwendung des Begriffs vgl. etwa das Kapitel »World Stress«, Kabat-Zinn, ebd., S. 538 ff. Für die Relativierung der Stressreduktion ist beispielsweise illustrativ, dass Kabat-Zinn Achtsamkeitsmeditation entschieden von »Entspannungstechniken« abgrenzt: »Die Meditation ist keine Variante einer Entspannungstechnik, bei der man gewissermaßen versagt, wenn man anschließend noch immer angespannt ist. Wenn Sie sich in der Achtsamkeit üben, kommt es allein auf Ihre Bereitschaft an, genau hinzusehen, und die Dinge so zu sehen, wie sie in diesem Augenblick sind, einschließlich des Unbehagens, der Spannungen und Ihres Nachsinnens über Erfolg und Misserfolg.« (Kabat-Zinn, Jon: *Gesund durch Meditation: Das große Buch der Selbstheilung mit MBSR*, Vollständig überarbeitete Neuausgabe Aufl., München: Knaur 2013, S. 419) Die deutsche Übersetzung von Stressreduktion in »Stressbewältigung« trägt diesen Umstand Rechnung. Es geht Kabat-Zinn also darum, sich anders zur Welt in Beziehung zu setzen, einer Welt voller Widersprüche, voller Stress und Leiden. Das deutet auch der englische Originaltitel an: *Full Catastrophe Living*, eine Phrase, die einer Verfilmung des Buchs *Zorba the Greek* von Nikos Kazantzakis entnommen ist (vgl. Kabat-Zinn: *Gesund durch Meditation*, liii).

34 Kabat-Zinn: *Full Catastrophe Living*, S. 27, Hervorhebung von mir.

35 Das wird sehr deutlich an der Diskussion um ein neues Paradigma der Psychotherapie, das nach der behavioristischen und kognitiven als dritte Welle der Verhaltenstherapie diskutiert wurde, vgl. dazu Heidenreich, Thomas und Johannes Michalak (Hrsg.): *Die »dritte Welle« der Verhaltenstherapie: Grundlagen und Praxis*, Weinheim: Beltz 2013.

36 Illustrativ hierfür ist das Interview mit dem Achtsamkeitsforscher Paul Grossmann in *Der Zeit*, der bereits 2013 mahnte: »Jemand sollte die Euphorie dämpfen«, vgl. https://www.zeit.de/karriere/beruf/2013-10/interview-grossmann-achtsamkeitstraining (letzter Abruf: 6.2.2024).

37 Vgl. Kabat-Zinn: *Full Catastrophe Living*, S. 603, eigene Übersetzung.

38 Vgl. zur aktuellen Popularität Thoreaus und zu dessen Rezeption durch Kabat-Zinn auch Rosenthal, Caroline: »Modell des einfachen Lebens: Henry David Thoreaus *Walden*«, in: Matuschek, Stefan und Sandra Kerschbaumer (Hrsg.): *Romantik erkennen – Modelle finden*, Paderborn: Ferdinand Schöningh 2019, S. 169–186.

39 Angemerkt sei an dieser Stelle, dass Thoreau wohl einer der ersten Amerikaner:innen war, der hinduistische Quellen und hier vor allem das Konzept des *yoga karma* rezipierte, vgl. Hodder, Alan: »Asian Influences«, in: Myerson, Joel, Sandra Harbert Petrulionis und Laura Dassow Walls (Hrsg.): *The Oxford Handbook of Transcendentalism*, Oxford: Oxford University Press 2010, S. 27–37, hier S. 33.

40 Vgl. Kabat-Zinn: *Wherever You Go, There You Are*, S. 35 f.

41 Kabat-Zinn: *Im Alltag Ruhe finden*, S. 34; für die entsprechende Passage im englischen Original vgl. Kabat-Zinn: *Wherever You Go, There You Are*, S. 24.

42 Ich verweise hier auf das entsprechende Kapitel in meiner Dissertation, Schmidt: *Achtsamkeit als kulturelle Praxis*, S. 208 ff.

43 Weber, Max: »Wissenschaft als Beruf«, in: Weber, Max: *Gesammelte Aufsätze zur Wissenschaftslehre*, hrsg. v. Johannes Winckelmann, 6. Aufl., Tübingen: Mohr 1985, S. 582–613, hier S. 594.

44 Kabat-Zinn, Jon: *Zur Besinnung kommen: Die Weisheit der Sinne und der Sinn der Achtsamkeit in einer aus den Fugen geratenen Welt*, 4. Aufl., Freiamt im Schwarzwald: Arbor-Verl. 2011, S. 621 f. Ich habe die Anführungszeichen bei »weiß« ergänzt, entsprechend der englischen Originalausgabe.

45 Nhat Hanh: *Das Wunder der Achtsamkeit: Einführung in die Meditation*, Zürich: Theseus 1998, S. 17.

46 Vgl. Kabat-Zinn: *Full Catastrophe Living*, S. 193; Kabat-Zinn: *Wherever You Go, There You Are*, S. 25.

47 Zum Gedanken, dass der amerikanische Pragmatismus sich gerade darüber definiere, dass er das Leben verbessere, vgl. Kemmerling, Andreas, »Pragmatische Wahrheit: Was uns im Leben weiterbringt«, in: Gassert, Philipp u. a. (Hrsg.): *Was Amerika ausmacht: Multidisziplinäre Perspektiven*, Stuttgart: Franz Steiner Verlag 2009.

48 Vgl. Brentano, Clemens: »Godwi oder Das steinerne Bild der Mutter: Ein verwilderter Roman von Maria«, in: Frühwald, Wolfgang; Friedhelm Kemp (Hrsg.): *Werke*, Zweiter Band, München: Hanser 1980, S. 259.

49 Vgl. Kabat-Zinn, *Zur Besinnung kommen*, S. 363 bzw. zur Metapher des Flachlandes 361. Auch hier zeigt sich, wie sehr Kabat-Zinn Konzepte des Mahayana-Buddhismus verarbeitet, wie hier etwa die Unterscheidung von relativer oder konventioneller und ultimativer Realität aufzutauchen scheint (Sanskrit: *satya-dvaya*).

50 Kabat-Zinn: *Im Alltag Ruhe finden*, S. 222.

51 Ebd., S. 19.

52 Vgl. Woodhead, Linda und Paul Heelas (Hrsg.): *Religion in Modern Times: An Interpretive Anthology*, Oxford: Blackwell 2005, S. 386.

53 Vgl. Taylor, Charles: *Ein säkulares Zeitalter*, Frankfurt am Main: Suhrkamp 2009; und im Anschluss daran Joas, Hans: »Die säkulare Option: Ihr Aufstieg und ihre Folgen«, in: *Deutsche Zeitschrift für Philosophie* 67/2 (2009), S. 293–300.

54 Vgl. zur allgemeinen Einschätzung, wonach die Romantik auch Sinnquellen im »Osten« sucht Reckwitz, Andreas: *Das hybride Subjekt: Eine Theorie der Subjektkulturen von der bürgerlichen Moderne zur Postmoderne*, Weilerswist: Velbrück Wissenschaft 2006, S. 210. Besonders prominentes Beispiel ist hier das Gründungsdokument der Indologie, das Werk des Romantikers Friedrich Schlegel *Über die Sprache und die Weisheit der Indier* (1808). Schlegel zeichnet hier eine idealisierte Form des Orients – und erhebt diesen gleich der Antike

zur großen Quelle romantischer Dichtung, vgl. Schlegel, Friedrich von: *Über die Sprache und die Weisheit der Indier: Ein Beitrag zur Begründung der Altertumskunde*, Amsterdam: Benjamins 1977, S. 319 f. Für Thoreaus Interesse am Orient vgl. Hodder: »*Asian Influences*«. Vgl. zur romantischen Suche nach Fernost, Reckwitz: *Das hybride Subjekt*, S. 210.

Die vermeintliche Macht des Individuums

1 Vgl. zu diesem Gedanken Bulson, Eric: »Modernisms High and Low«, in: Rabaté, Jean-Michel (Hrsg.): *A Handbook of Modernism Studies: A Handbook of Modernism Studies*, John Wiley & Sons 2013, S. 55–73, der Munchs *Schrei* mit der Phrase von Theodor W. Adornos Aussage »what after all is left to do but scream« in Verbindung bringt.

2 Puddicombe: *Mach mal Platz im Kopf*, S. 15.

3 Kabat-Zinn: *Zur Besinnung kommen*, S. 31 f. und 156 ff.; vgl. auch Kabat-Zinn: *Gesund durch Meditation*, S. 24.

4 Zur ersten Bedeutung des »doing mode« vgl. vor allem Kabat-Zinn: *Wherever You Go, There You Are*; zur zweiten Bedeutung, der diskrepanzbasierten Informationsverarbeitung, vgl. pointiert Michalak/Heidenreich/Williams: *Achtsamkeit*, S. 15.

5 Vgl. Kabat-Zinn: *Full Catastrophe Living*, S. 458; vgl. auch das Kapitel »A. D. D. Nation« von Kabat-Zinn: *Coming to Our Senses*, S. 143 ff.

6 So zitiert in Nyanaponika: *Geistestraining durch Achtsamkeit*, S. 14, Kursivierung im Original.

7 Nyanaponika: *The Heart of Buddhist Meditation: A Handbook of Mental Training Based on the Buddha's Way of Mindfulness. Satipatthana. With an Anthology of Relevant Texts translated from the Pali and Sanskrit*, Kandy: Buddhist Publication Society 1992, S. 21.

8 »Die Lehre vom Geist« wird zwar lediglich von Nyanaponika so benannt, findet sich aber der Sache nach bei zahlreichen anderen Autoren. Goldstein, Joseph. *Insight Meditation: The Practice of Freedom*, Boston: Shambhala Classcis 2003, S. 123; zitiert eine ähnliche dem Buddha zugeschriebene Passage und sieht im Inneren die Ursache für das Leid in uns und in der Welt. Auch Gunaratana. *Die Praxis der Achtsamkeit*, S. 23; bezieht sich auf das *Dhammapada* und schreibt: »Niemand kann mehr für dich tun als dein eigener geläuteter Geist – weder Vater noch Mutter, kein Verwandter, kein Freund, niemand.«

9 Eigene Übersetzung nach der englischen Ausgabe, da die Passage in der Deutschen nicht enthalten ist, vgl. Kabat-Zinn: *Full Catastrophe Living*, S. 539.

10 Diesen Begriff habe ich erstmals in einem kurzen Beitrag zu einem Sammelband entwickelt, in dem ich die Ergebnisse meiner Dissertation nochmals zuspitzte, vgl. Schmidt, Jacob: »Jon Kabat-Zinns Modellierung der Achtsamkeit als Meilenstein ihrer Popularität«, *Achtsame Hochschulen*

in der digitalen Gesellschaft, transcript 2024, S. (in press). Die im Folgenden ausgeführten Abwege sind eine deutliche Weiterentwicklung dieser Kritik. Vielleicht sollte ich hier noch auf einen Spezialfall hinweisen. Es gibt auch innerhalb der Achtsamkeitsströmung Fälle, in denen eine gesellschaftliche Einbettung ausbleibt, etwa in dem Buch zu der sogenannten *Mindfulness Based Cognitive Therapy for Depression*. (Vgl. Segal, Zindel V., J. Mark G. Williams und John D. Teasdale: *Mindfulness-Based Cognitive Therapy for Depression: A New Approach to Preventing Relapse*, New York: Guilford Press 2002) Aber auch hier, so würde ich argumentieren, wird ja implizit vorausgesetzt, dass Depressionen ein *psychologisches* und kein *gesellschaftlich bedingtes* Problem darstellen. Letzteres würden soziologische Analysen durchaus behaupten (vgl. die wohl bekannteste Studie dazu von Ehrenberg, Alain: *Das erschöpfte Selbst: Depression und Gesellschaft in der Gegenwart*, Bd. 1875, 3. Aufl., Frankfurt am Main: Suhrkamp 2009). Im Folgenden adressiere ich daher sowohl den *expliziten* als auch den *impliziten* gesellschaftskritischen Individualismus.

11 Vgl. Kabat-Zinn: *Full Catastrophe Living*, S. 539; Kabat-Zinn: *Zur Besinnung kommen*, S. 16.

12 Vgl. zu den soziologischen Theorien gesellschaftlicher Veränderung die Einführung von Rosa, Hartmut, David Strecker und Andrea Kottmann: *Soziologische Theorien*, 2. Aufl., Konstanz: UVK 2013.

13 Dieser Gedanke geht auf Stäheli, Urs: »Subversive Praktiken? Cultural Studies und die ›Macht‹ der Globalisierung«, in: Hörning, Karl H. und Julia Reuter (Hrsg.): *Doing Culture: Neue Positionen zum Verhältnis von Kultur und sozialer Praxis*, Bielefeld: transcript 2004, S. 154–166, hier S. 163, zurück, der anhand von globalisierungskritischen Bewegungen eine Kluft zwischen dem Lokalen und einem »Phantom des Globalen« feststellt.

14 Vgl. zum Wohlfahrtsstaat Lessenich, Stephan: *Die Neuerfindung des Sozialen: Der Sozialstaat im flexiblen Kapitalismus*, 3. Aufl., transcript 2013. Lessenich kritisiert dabei den Begriff »neoliberal« und zieht den Begriff »neosozial« vor und macht damit unter anderem zu Recht darauf aufmerksam, dass der Neoliberalismus nicht schlicht den »Rückzug« des Staates bedeutet, sondern er vielmehr »die Logik und Gestalt seiner Interventionen« ändert, vgl. Lessenich, ebd., S. 14.

15 Dieser Satz ist zu einem geflügelten Wort geworden. Das eigentliche Zitat ist: »Who is society? There is no such thing!«. Vgl. dazu https://www.margaretthatcher.org/document/106689 (letzter Abruf 25.10.2023).

16 Kabat-Zinn, *Im Alltag Ruhe finden*, S. 39. Auch Jack Kornfield bezieht sich in einem Youtube-Beitrag auf dieses Poster, vgl. https://youtu.be/jI2poE2ajxc?si=Oe2zexfBSCUPIv5H (letzter Aufruf am 24.10.2023).

17 Gerade das Surfen ist eine Metapher, mit der auch der Zeitsoziologe Hartmut Rosa die zur Beschleunigungsgesellschaft passende Sozialfigur bezeichnet, also Menschen, die gekonnt auf eine dynamische Umwelt reagieren und versuchen, die Optionen, die sich auftun, für sich gewinnbringend zu nutzen, vgl. dazu Rosa, Hartmut: »Terrorists and High-Speed Surfers: Towards a Sociological Conception of Performative Identity«, in: *BIOS – Zeitschrift für Biographieforschung, Oral History und Lebensverlaufsanalysen* 24/2 (2011), S. 204–223.

18 Vgl. dazu etwa den Gedichtband, in dem viele Gedichte die Kriegserfahrung reflektieren, Nhat Hanh: *Nenne mich bei meinen wahren Namen: Gesammelte Gedichte*, Berlin: Theseus 1997.

19 Vgl. Sauerborn, Elgen: »Die Politisierung der Achtsamkeit: Extinction Rebellions gefühlvolle Protestpraktiken«, in: *Working Paper SFB 1171 Affective Societies 02/21* (2021), https://refubium.fu-berlin.de/handle/fub188/17614 (letzter Abruf: 18.03.2024.)

20 Vgl. das kurze Video von einer Podiumsdiskussion mit Christine Lagarde https://www.youtube.com/watch?v=JElzmj_ugDw (letzter Abruf: 25.10.2023).

21 Vgl. dazu d'Eramo, Marco: *Die Welt im Selfie: Eine Besichtigung des touristischen Zeitalters*, Berlin: Suhrkamp 2018.

22 Vgl. zum Wasserbetteffekt Wambach, Achim: *Klima muss sich lohnen*, Freiburg im Breisgau: Herder 2022.

23 Rosa, Hartmut: *Weltbeziehungen im Zeitalter der Beschleunigung: Umrisse einer neuen Gesellschaftskritik*, Berlin: Suhrkamp 2012, S. 156, Kursivierungen im Original.

24 Vgl. zu diesem Gedanken und zur Ausweitung des Gesundheitsregimes, das sich aus der Achtsamkeit vor allem bei Kabat-Zinn ergibt, die aufschlussreiche Studie von Barker, Kristin K.: »Mindfulness Meditation: Do-It-Yourself Medicalization of Every Moment«, in: *Social Science & Medicine 106* (2014), S. 168–176.

25 Zu den Paradoxien und Implikationen der Prävention vgl. Bröckling, Ulrich: »Vorbeugen ist besser: Zur Soziologie der Prävention«, in: *Behemoth. A Journal on Civilisation 1* (2008), S. 38–48.

26 Vgl. hierzu das Manual für die Mindfulness-Based Cognitive Therapy Segal/ Williams/Teasdale: *Mindfulness-Based Cognitive Therapy for Depression*, S. 42.

27 Vgl. hierzu Lessenich, Stephan: »Soziale Subjektivität: Die neue Regierung der Gesellschaft«, in: *Mittelweg 36/4* (2003), S. 80–93, hier S. 81, bzw. Lessenich, *Die Neuerfindung des Sozialen*, S. 17.

28 Vgl. https://www.theguardian.com/books/2020/sep/06/michael-sandel-the-populist-backlash-has-been-a-revolt-against-the-tyranny-of-merit (letzter Abruf: 26.10.2023).

29 Vgl. Purser: *McMindfulness*. Deutlich wird dieses Moment auch bei Purser, Ronald, David Forbes und Adam Burke: „Preface", in: Purser, Ronald, David Forbes und Adam Burke (Hrsg.): *Handbook of Mindfulness: Culture, Context, and Social Engagement*, Schweiz: Springer 2016, S. v–xiv, hier S. ix.

Die Kunst, freier zu sein

1 Thoreau, Henry David: »Leben ohne Prinzipien«, in: Thoreau, Henry David: *Über die Pflicht zum Ungehorsam gegen den Staat und andere Essays*, Zürich: Diogenes 1984, S. 37–62, hier S. 608.

2 So der Untertitel seines Buchs *Vipassana-Meditation*, vgl. Goldstein, Joseph: *Vipassana-Meditation: Die Praxis der Freiheit*, 5. Aufl., Freiamt im Schwarzwald: Arbor 2016. Zur allgemeinen Beobachtung, wonach sich die US-amerikanische Einsichtsmeditationsbewegung gerade durch ihre Betonung der Freiheit im Vergleich zu traditionelleren buddhistischen Meditationsformen auszeichnet, vgl. bereits Fronsdal: *»Insight Meditation in the United States«*. Auf die Unterscheidung von *reaction* und *response* gehe ich weiter unten ein.

3 Zum Begriff »zweipoliger Kern« vgl. Höffe, Otfried: *Kritik der Freiheit: Das Grundproblem der Moderne*, München: C.H.Beck 2015, S. 21 ff.

4 Die Unterscheidung von negativer und positiver Freiheit hat eine lange Tradition und vor allem nach der Antrittsvorlesung des einflussreichen Ideenhistorikers Isaiah Berlin Ende der 1950er-Jahre eine große Debatte ausgelöst. Die hier bemühten Begriffe »Möglichkeit« und »Verwirklichung« hat Charles Taylor in seiner Kritik an Berlin herausgestellt, vgl. Taylor, Charles: »Der Irrtum der negativen Freiheit«, *Negative Freiheit? Zur Kritik des neuzeitlichen Individualismus*, Frankfurt am Main: Suhrkamp 1988, S. 118–144.

5 Ich muss zu meiner Verteidigung sagen, dass es Gründe dafür gibt: einerseits die verkürzte Definition von Achtsamkeit, wie ich sie im ersten Kapitel kritisiert habe *(Achtsamkeit ist die Fähigkeit und der Zustand, ganz gegenwärtig zu sein)*, vor allem dann, wenn, wie bei Kabat-Zinn, das Wort »Nicht-Urteilen« hinzugefügt wird; andererseits das hartnäckige asketische Vorurteil, das ich im zweiten Kapitel bereits angeführt habe.

6 Vgl. Keown: *Lexikon des Buddhismus*, S. 186.

7 Sayadaw U Pandita: *In This Very Life: Liberation Teachings of the Buddha*, 2. Aufl., Somerville: Wisdom Publications 1995, S. 1, eigene Übersetzung. Dieses Buch basiert übrigens auf Vorträgen, die U Pandita 1984 in der bereits mehrfach erwähnten *Insight Meditation Society*, USA, gehalten hat.

8 Etwaige Zweifel an ebendieser Autorität werden, das sei hier an dieser Stelle erwähnt, zumeist als ein ganz »natürlicher« Prozess gedeutet und umgedeutet. Denn der »Zweifel« ist einer von fünf sogenannten »Hindernissen« (Pali, Sanskrit: *nivarana*) – neben Begierde, Hass, Trägheit und Furcht. Sie müssen dann zum expliziten Gegenstand der Achtsamkeit gemacht werden – und ihnen kommt daher *inhaltlich* keine Bedeutung zu.

9 Vgl. zur ausführlichen Etymologie von *sati* Analayo: *Der direkte Weg – Satipatthana*, S. 59 ff.

10 Braun: *The Birth of Insight*, S. 143, eigene Übersetzung.

11 Nyanaponika: *Geistestraining durch Achtsamkeit*, S. 19.

12 Dieser Vergleich ist zunächst rein assoziativ. Historische Plausibilität ergibt sich lediglich, aber immerhin, dadurch, dass Nyanaponikas Lehrer, der buddhistische Mönch aus Deutschland, Nyanatiloka, selbst Kant und vor allem dessen großen Kritiker Schopenhauer in seiner Jugend rezipierte, vgl. dazu das spannende Porträt im Spiegel, https://www.spiegel.de/geschichte/wie-anton-zu-nyanatiloka-wurde-a-7f409e23-0002-0001-0000-000160905614 (letzter Abruf: 20.11.2023).

13 Kabat-Zinn: *Gesund durch Meditation*, S. 317, Kursivierung J.S.

14 Ebd., S. 330; zur englischen Ausgabe Kabat-Zinn: *Full Catastrophe Living*, S. 349.

15 Vgl. zu dieser Rekonstruktion romantischer Identität vor allem Taylor, Charles: *Quellen des Selbst: Die Entstehung der neuzeitlichen Identität*, 8. Aufl., Frankfurt am Main: Suhrkamp 2012, der die Romantik etwas breiter fasst als beispielsweise die deutsche Romantikforschung.

16 Kabat-Zinn: *Gesund durch Meditation*, S. 418; Kabat-Zinn: *Full Catastrophe Living*, S. 595, Herv. im Original; zur seiner selbst gestellten Frage vgl. Kabat-Zinn: *Im Alltag Ruhe finden*, S. 176.

17 Kornfield, Jack und Joseph Goldstein: *Einsicht durch Meditation: Die Achtsamkeit des Herzens*, Freiamt im Schwarzwald: Arbor 2006, S. 266, in der deutschen Übersetzung heißt es »allgemeingültige Antwort«, was aber eine etwas ungenaue Übersetzung von »preset answer« ist.

18 Vgl. Hesse, Hermann, *Siddhartha: Eine indische Dichtung*, Frankfurt am Main: Suhrkamp 1973. Hesse selbst nannte sein Buch »ein sehr europäisches Buch« (Hesse, Hermann: *Gesammelte Briefe*, Bd. 2: 1922–1935, Frankfurt am Main: Suhrkamp 1979, S. 96), das nur sehr wenig mit dem historischen Buddha zu tun hat. Gleichwohl ist es zweifellos eines der wichtigsten Werke für die Formung des »westlichen« Bildes des Buddhismus – und wird auch von Kabat-Zinn und Kornfield rezipiert.

19 Tan: *Search Inside Yourself*, S. 151.

20 Pointiert kommt das etwa auch bei Nhat Hanh zum Ausdruck, wenn er schreibt: »Alles, was wir tun, ist ein Akt des Dichtens oder eine Malerei, sofern wir es mit Achtsamkeit tun.« (Nhat Hanh: *Ich pflanze ein Lächeln*, S. 56.)

21 Thoreau: »*Leben ohne Prinzipien*«, S. 57, Kursivierungen im Original.

22 Fromm: »Vom Haben zum Sein«, S. 19 f.

23 Höffe: *Kritik der Freiheit*, S. 14.

24 Vgl. zur Freiheitskritik der Frankfurter Schule die gute Darstellung in dem jüngst viel beachteten Werk Amlinger, Carolin und Oliver Nachtwey, *Gekränkte Freiheit: Aspekte des libertären Autoritarismus*, Bonn: bpb 2023, Kap. 1. Grundsätzlicher ließe sich argumentieren, dass gerade die Disziplin der Soziologie in Abgrenzung zur Philosophie Handeln auf soziale Bedingungen zurückführt. Die Soziologie erblickt so qua Profession die Grenzen oder gar die Unmöglichkeit von Freiheit. Bei Letzterem wird dann über das Problem des sozialen Determinismus gesprochen – analog zu einem psychologischen

Determinismus, der sich gegen eine Willensfreiheit richtet (vgl. dazu Recki, Birgit: *Freiheit*, Wien: facultas.wuv 2009, Kap. 1).

25 Vgl. 69 ff. von Fromm: »Vom Haben zum Sein«, S. 69 ff.; zu seiner Auseinandersetzung mit dem Zen-Buddhismus und der Philosophie Daisetz Teitaro Suzukis vgl. Fromm, Erich: »Psychoanalyse und Zen-Buddhismus«, in: Fromm, Erich, Daisetz Teitaro Suzuki und Richard de DeMartino: *Zen-Buddhismus und Psychoanalyse*, Frankfurt am Main: Suhrkamp 1971, S. 101–179.

26 Fromm, Erich: *Die Furcht vor der Freiheit*, 14. Aufl., München: dtv 2008, S. 30.

27 Vgl. ebd., S. 9, 24 ff. und passim.

28 Etwas zu vereindeutigend und apokalyptisch, aber sehr pointiert hat dies Byung-Chul Han unter dem Stichwort »Krise der Freiheit« formuliert: »Die Freiheit des *Könnens* erzeugt sogar mehr Zwänge als das disziplinarische *Sollen*, das Gebote und Verbote ausspricht. Das *Soll* hat eine Grenze. Das *Kann* hat dagegen keine. Grenzlos ist daher der Zwang, der vom *Können* ausgeht.« [Han, Byung-Chul: *Psychopolitik: Neoliberalismus und die neuen Machttechniken*, Frankfurt am Main: S. Fischer 2014, S. 10; Kursivierungen im Original.]

29 Fromm: *Die Furcht vor der Freiheit*, S. 30.

30 Ebd., S. 7 f.

31 Vgl. Amlinger/Nachtwey: *Gekränkte Freiheit.*

32 Fromm: »Vom Haben zum Sein«, S. 20.

33 Berlin, Isaiah: *Freiheit: Vier Versuche*, Frankfurt am Main: S. Fischer 1995, S. 41.

34 Vgl. dazu ebd., S. 40 ff. und 215 ff.

35 Arendt, Hannah: »Freiheit und Politik«, *Mensch und Politik*, 5. Aufl., Ditzingen: Reclam 2017, S. 48–88, hier S. 48.

36 Unklar bleibt an dieser Stelle, weshalb Arendt nicht die Stoa als Vorläufer dieser betrachtet und lediglich von einem »neuen Phänomen« spricht. Wie ich bei Berlin schon sagte, ist die Stoa vielleicht die idealtypische Vertreterin innerer Freiheit. Höffe schreibt dazu: »Sie besteht nämlich in dem zutiefst apolitischen Gedanken einer rein inneren Freiheit, und diese versteht man als Inbegriff einer persönlichen, von Recht und Politik unabhängigen Lebensweise.« (Höffe: *Kritik der Freiheit*, S. 28)

37 Vgl. für die Sendung mit Thomas Metzinger https://www.srf.ch/play/tv/sternstunde-religion/video/mit-saekularer-spiritualitaet-gegen-planetare-krise?urn=urn:srf:video:abb90781-43da-4a6f-a330-df29be2df7c1 (letzter Abruf: 10.2.2024).

38 Vgl. dazu Mouffe, Chantal: »›Postdemokratie‹ und die zunehmende Entpolitisierung«, in: *Aus Politik und Zeitgeschichte 1–2* (2011), S. 3–5.

39 Und just diese verengte Freiheit wird in einer viel beachteten Studie *Gekränkte Freiheit* von Carolin Amlinger und Oliver Nachtwey mit dem gegenwärtigen Erstarken von autoritären Politker:innen und Bewegungen wie der AfD bezogen. Sich ändernde gesellschaftliche Normen würden ebenso als

»Beschränkungen« wahrgenommen, wie ein Staat abgelehnt werde, der sich zu sehr »einmische«. Leute wie Musk, Trump oder anderen würden zu Stars, weil sie »das sagen, was man nicht mehr sagen darf«.

40 Vgl. Muraca, Barbara: *Gut leben: Eine Gesellschaft jenseits des Wachstums*, 2. Aufl., Berlin: Wagenbach 2020, S. 8.

41 Ich halte es daher auch für recht unwahrscheinlich, dass, wie Thomas Meyer im Nachwort des Buches von Arendt behauptet, Arendt diese Phrase als Referenz auf Thoreau bewusst nutzte. Vielmehr scheint es mir eine Variation ihres kongenialen Ausdrucks »Das Recht, Rechte zu haben«. Vgl. Arendt, Hannah: *Freiheit, frei zu sein*, 5. Aufl., München: dtv 2018, S. 47.

42 Ebd., S. 16.

43 Arendt: »*Freiheit und Politik*«, S. 48, Kursivierung im Original.

44 Arendt, Hannah: »Der Mensch, ein gesellschaftliches oder ein politisches Tier«, *Mensch und Politik*, 5. Aufl., Ditzingen: Reclam 2017, S. 7–47, hier S. 7.

45 Vgl. Bushart, Barbara: *Integrität und Verantwortung: Hannah Arendts Konzept der Rechtspersonalität und die Zerstörung der Person im Nationalsozialismus*, Bielefeld: transcript 2019, S. 10.

46 Vgl. zur Statistik: https://de.statista.com/statistik/daten/studie/318160/umfrage/alleinerziehende-in-deutschland-nach-geschlecht/

47 Ottmann, Henning: »Liberale, republikanische, deliberative Demokratie«, in: *Synthesis philosophica 21/2* (2006), S. 315–325, hier S. 318, Kursivierung im Original.

48 Vgl. zu den Bürger:innenräten und zu dem speziellen Fall in Frankreich Kübler, Lukas, Claus Leggewie und Patrizia Nanz: »Demokratische Innovation durch Bürgerräte«, in: *Aus Politik und Zeitgeschichte 26–27* (2021), S. 47–53. Aktuell führt in Deutschland der Bürgerrat Ernährung, der erste Bürgerrat des Deutschen Bundestags, zu kontroversen Diskussionen, wie etwa in der Bundestagsdebatte am 15. März 2024 deutlich wurde.

49 Vgl. dazu https://www.gew.de/aktuelles/detailseite/lehrerinnen-und-lehrer-nicht-noch-mehr-belasten (letzter Abruf: 9.2.2024).

50 Vgl. für das Interview https://www.zeit.de/karriere/beruf/2013-10/interview-grossmann-achtsamkeitstraining/komplettansicht (letzter Abruf: 11.2.2024).

51 Rössler, Beate: *Autonomie: Ein Versuch über das gelungene Leben*, Berlin: Suhrkamp 2017, S. 282.

52 Vgl. ebd., S. 317f.; vgl. zu dem Aspekt der Pluralität, den Arendt im Zusammenhang mit der Öffentlichkeit hervorhebt, Bernstein, Richard J.: *Denkerin der Stunde: Über Hannah Arendt*, Berlin: Suhrkamp 2020, S. 92 ff.

53 Keats, John: *Werke und Briefe*, Stuttgart: Reclam 1995, S. 334.

54 Vgl. https://www.tagesspiegel.de/wissen/selbstbegrenzung-und-selbstdistanz-3849094.html (letzter Abruf: 22.12.2023).

55 Seel, Martin: *111 Tugenden, 111 Laster: Eine philosophische Revue*, Frankfurt am Main: Fischer 2011, S. 36.

56 Seel, Martin: *Paradoxien der Erfüllung: Philosophische Essays*, Frankfurt am Main: Fischer 2006, S. 97.

Das Rascheln in der Stille

1 Vgl. Joerges, Bernward: »Expertise Lost: An Early Case of Technology Assessment«, in: *Social Studies of Science 24/1* (1994), S. 96–104.

2 Meine Gedanken zur Veränderung moderner Zeitstrukturen im Zuge der sozialen Beschleunigung verdankte ich in großen Teilen der Studie von Rosa, Hartmut: *Beschleunigung: Die Veränderung der Zeitstrukturen in der Moderne*, Frankfurt am Main: Suhrkamp 2005.

3 Der Begriff »rasende Stillstand« ist die deutsche Übersetzung des Buchtitels *L'inertie polaire* und wurde vor allem von im deutschsprachigen Raum als weiter gefasste Zeitdiagnose bekannt gemacht, vgl. Rosa: ebd., S. 41, 167. Zu der Entkopplungsthese vgl. Rosa: ebd., S. 167 ff.

4 Das Beispiel stammt vom Zeitphilosophen Henri Bergson, der mit dem Zugbeispiel zu veranschaulichen sucht, dass in einer Welt der Bewegung, der subjektive Eindruck von Ruhe oder Bewegungslosigkeit entstehen kann, vgl. Bergson, Henri: *Denken und schöpferisches Werden*, Hamburg: Europäische Verlagsanstalt 1993, S. 163.

5 Vgl. Rosa, Hartmut: *Unverfügbarkeit*, 2. Aufl., Rezidenz 2019, S. 15.

6 Vgl. dazu Simmel, Georg: »Die Großstädte und das Geistesleben«, in: Simmel, Georg: *Gesamtausgabe*, Bd. 7: Aufsätze und Abhandlungen: 1901–1908, Band 1, hrsg. v. Rüdiger Kramme, Angela Rammstedt und Otthein Rammstedt, Frankfurt am Main: Suhrkamp 1995, S. 116–131.

7 Vgl. zu dieser Referenz auf *Matrix* und zu der von ihm als »hochauflösende Wahrnehmung« bezeichneten Fähigkeit Tan: *Search Inside Yourself*, S. 48; analog dazu auch Puddicombe: *Mach mal Platz im Kopf*, S. 166 f.

8 Thoreau, Henry David: »Walden«, in: Thoreau, Henry David: *The Portable Thoreau*, hrsg. v. Jeffrey S. Cramer, New York: Penguin Books 2012, S. 199–468, hier S. 271; die deutsche Version zitiert aus Kabat-Zinn: *Im Alltag Ruhe finden*, S. 160.

9 Arendt, Hannah: *Vita activa oder Vom tätigen Leben*, Erweiterte Neuausgabe Aufl., München: Piper 2020, S. 25.

10 Vgl. Rosa: *Unverfügbarkeit*, S. 16.

11 Vgl. Rosa: *Beschleunigung*, S. 437.

12 Welzer, Harald: *Selbst denken: Eine Anleitung zum Widerstand*, 5. Aufl., Frankfurt am Main: Fischer 2015, S. 12.

13 Der Zeitpsychologe Zimbardo bezeichnet diese als »absolute Gegenwart« wie folgt: »Die absolute Gegenwart enthält sowohl die Vergangenheit als auch die Zukunft. Die Gegenwart ist weder Sklave der Vergangenheit noch Werkzeug der Zukunft.« Vgl. Zimbardo, Philip und John Boyd: *Die neue Psychologie der Zeit und wie sie Ihr Leben verändern wird*, Heidelberg: Spektrum Akademischer Verlag 2009, S. 132..

14 Pelluchon, Corine: *Die Durchquerung des Unmöglichen: Hoffnung in Zeiten der Klimakatastrophe*, München: C.H.Beck 2023, S. 14. Pelluchon betont dabei besonders stark, dass sich diese Form der Hoffnung oder Zuversicht nur durch das Durchleben von Verzweiflung einstellen kann und ein »Individuum alles aufgibt, all seine Überzeugungen und Erwartungen« (S. 16).

15 Rosa: *Beschleunigung*, S. 266 f.

16 Rosa, Hartmut: *Resonanz: Eine Soziologie der Weltbeziehung*, Berlin: Suhrkamp 2016, S. 226, Herv. im Original.

17 Vgl. Lafargue, Paul: *Das Recht auf Faulheit: Widerlegung des Rechts auf Arbeit von 1848*, Frankfurt: Trotzdem Verlag 2010, S. 34.

18 Vgl. Gronemeyer, Marianne: *Das Leben als letzte Gelegenheit: Sicherheitsbedürfnisse und Zeitknappheit*, Darmstadt: Wissenschaftliche Buchgesellschaft 1993.

19 Rosa: *Beschleunigung*, S. 292, Kursivierungen im Original.

20 Zum Umschwung des Ideals weg von dem der Ruhe hin zu dem der Unruhe vgl. die kulturphilosophische Arbeit von Konersmann, Ralf: *Die Unruhe der Welt*, 3. Aufl., Frankfurt am Main: S. Fischer 2015; zu der für die Beschleunigungsgesellschaft typischen »Verpassensangst« vgl. Rosa: *Beschleunigung*, S. 218 f.

21 Reckwitz: *Das hybride Subjekt*, S. 239 f.; vgl. zur Zeitdiagnose Reckwitz, Andreas: *Die Gesellschaft der Singularitäten: Zum Strukturwandel der Moderne*, Berlin: Suhrkamp 2017, S. 18 f.

22 Die These, wonach sich das Ideal der Selbstverwirklichung mit dem Kapitalismus verbunden habe, lässt sich als kapitalistische Einverleibung beschreiben, vgl. dazu prominent Boltanski, Luc und Ève Chiapello: *Der neue Geist des Kapitalismus*, Konstanz: UVK 2003.

23 Zitiert in Kabat-Zinn: *Im Alltag Ruhe finden*, S. 36; für den Originaltext vgl. Thoreau, Henry David: *Walden oder Leben in den Wäldern*, Zürich: Diogenes 1979, S. 98. Ich habe die Phrase »to live deliberately« selbst übersetzt, da sie in der deutschen Übersetzung »mit Überlegung zu leben« wenig treffend übersetzt worden ist.

24 Sayadaw U Pandita: *In This Very Life*, S. 231 f., eigene Übersetzung. Es sei an dieser Stelle angemerkt, das die deutsche Übersetzung des Buchs *In This Very Life* den durchaus zweifelhaften Titel *Im Augenblick liegt alles Leben* trägt, der deutlich besser mit der moderne Lebenslust resoniert, als der Inhalt dies hergibt; vgl. zu der Differenz zwischen der modernen Verheißung eines intensiven Lebens und der buddhistischen »Neutralisierung« ebendieser auch Garcia, Tristan: *Das intensive Leben: Eine moderne Obsession*, Berlin: Suhrkamp 2017, S. 171f.

25 Kabat-Zinn: *Im Alltag Ruhe finden*, S. 116.

26 Vgl. dazu auch Sloterdijk, Peter: *Eurotaoismus: Zur Kritik der politischen Kinetik*, Sonderausgabe Aufl., Frankfurt am Main: Suhrkamp 1996, S. 149. Insgesamt scheint mir Sloterdijks Alternative zur Beschleunigung, die er in einer wohl verstandenen Gelassenheit versteht, viele Ähnlichkeiten zu dem zu haben, was ich hier versuche, wenn auch vieles davon, mir zumindest, schwer zugänglich ist.

27 Vgl. zu diesem Beispiel Rosa: *Resonanz*, S. 161.

28 Vgl. dazu auch die Studie zur Kreativität von Andreas Reckwitz. Unter anderem unter Verweis auf die Zen-Meditation beschreibt er eine »Alltagsästhetik der Wiederholung«, die die »westliche Differenz [...] zwischen Innovation und Reproduktion« untergräbt. (Reckwitz, Andreas: *Die Erfindung der Kreativität: Zum Prozess gesellschaftlicher Ästhetisierung*, 3. Aufl., Berlin: Suhrkamp 2013, S. 365) Begrüßenswert sei dies, so argumentiert er, da dem »Regime des Neuen« eine spezifische Vergleichgültigung der Welt systematisch innewohne. Die spätmoderne Orientierung am Neuen könne dazu führen »dass im Meer des vermeintlich Neuartigen nichts *wirklich* Neues und Originelles mehr vorkommt.« (ebd., S. 353, Herv. im Original)

29 Vgl. zu der sozialen Funktion von Langeweile Barbalet, Jack M.: »Boredom and Social Meaning«, in: *The British Journal of Sociology 50/4* (1999), S. 631–646.

30 Vgl. Han, Byung-Chul, *Müdigkeitsgesellschaft*, 10. Aufl., Berlin: Matthes & Seitz 2014, S. 29. Zur Meditation und Langeweile vgl. auch Harari, der sagt: »The way to peace passes trough boredom.« https://youtu.be/eG5RSdEVrTU (Minute 8:30, letzter Abruf: 13.2.2024).

31 Zu diesem Gedanken, losgelöst von der Meditation, vgl. Svendsen, Lars: *Kleine Philosophie der Langeweile*, Frankfurt am Main: Insel 2002, S. 47 ff.

32 Vgl. hierzu die Reportage vom SRF https://www.srf.ch/wissen/gesundheit/heilung-oder-humbug-meditation-mit-joe-dispenza-lebenshilfe-oder-geldmacherei (letzter Abruf: 13.2.2024).

33 Die Gleichsetzung von Stille und Entfremdung ist auch in der soziologischen Theorie eine nicht unübliche Vermengung, vgl. dazu Pagis, Michal: »Producing Intersubjectivity in Silence: An Ethnographic Study of Meditation Practice«, in: *Ethnography 11/2* (2010), S. 309–328, hier S. 311.

34 Jack Kornfield beschreibt so etwa die Indifferenz als »nahen Feind« der Gleichmütigkeit: »Indifferenz heißt, vor dem Leben wegzulaufen. Im Zustand der Gleichmütigkeit ist das Herz offen und lässt sich von allem berühren, Freude und Schmerz.« (Kornfield: *Frag den Buddha – und geh den Weg des Herzens*, S. 252) An dieser Stelle sei darauf hingewiesen, dass der Begriff »Gelassenheit« eine deutsche Eigenheit ist und als Begriff auf Meister Eckhart zurückgeht. Im buddhistischen Kontext ist häufig auch von Gleichmut (equanimity) die Rede, was als Übersetzung des Pali *uppekha* ist.

35 Meist wird die liebende Güte mit diesem Vierzeiler ausgedrückt: im Englischen die Zeilen »May you be filled with loving kindness. / May you be well. / May you be peaceful and at ease. / May you be happy«.

36 Vgl. zu den Dimensionen der Verfügbarkeit Rosa: *Unverfügbarkeit*, S. 21 ff.; zu der Differenz von Verfügbarkeit und Erreichbarkeit ebd., S. 67 ff.

37 Vgl. Reckwitz, Andreas: »Dialektik der Sensibilität«, in: *Philosophie Magazin* 6 (2019), S. 56–61. Reckwitz erwähnt hier auch, wenn auch recht beiläufig und undifferenziert, Achtsamkeit als Praxis dieser neuen Mittelklasse.

Zum Abschluss: Viel Lärm um Achtsamkeit

1 Vgl. https://www.sueddeutsche.de/kultur/steffen-mau-hartmut-rosa-afd-1.6338787?reduced=true (letzter Abruf: 31.01.2024).

2 Vgl. hierzu die äußerst lesenswerte ethnologische Studie zum Thema intersubjektiver Stille, die bei einem *vipassana*-Retreat durchgeführt wurde, Pagis: »*Producing Intersubjectivity in Silence*«.

Der Autor

© Peter-Paul Weiler

Dr. Jacob Schmidt, geb. 1988, studierte Psychologie und Gesellschaftstheorie in Jena und promovierte zum Thema »Achtsamkeit als kulturelle Praxis«. Die meditative Welthaltung fasziniert ihn schon seit seiner Jugend, doch erst eine einigermaßen zufällige intensive Auseinandersetzung mit der Achtsamkeitsmeditation rückte sie in den Fokus seines wissenschaftlichen Interesses. Seitdem pendelt er zwischen der Faszination für diese besondere Welthaltung und der Überzeugung, dass es ihr, wie unserer Zeit, an einer politischen Haltung mangelt. Jacob Schmidt arbeitet als Referent für strategische Kommunikation in der Fraktion BÜNDNIS 90/DIE GRÜNEN im Brandenburger Landtag. Er lebt seit kurzem in Würzburg.